PRATIQUES DE VIE

Pratiques de vie
Réflexions sur :

L'abondance
et la possibilité de bien gagner sa vie
La vie holistique
Les relations

Neale Donald Walsch

Traduit de l'américain par Michel Saint-Germain

Ariane Éditions

Titre original anglais :
**Applications for living, Neale Donald Walsch on abundance and
right livelihood, holistic living and relationships**
© *1999 par Neale Donald Walsch*
Publié par Hampton Road Publishing Company Inc.
134 Burgess Lane, Charlottesville, VA, 22902 USA

© *2000 pour l'édition française*
Ariane Éditions Inc.
1209, Bernard O., bureau 110, Outremont, Qc., Canada H2V 1V7
Téléphone : (514) 276-2949, télécopieur : (514) 276-4121
Courrier électronique : ariane@mlink.net

Traduction : Michel Saint-Germain
Révision linguistique : Monique Riendeau, Marielle Bouchard
Graphisme : Carl Lemyre

Première impression : août 2000

ISBN : 2-920987-45-3
Dépôt légal : 3e trimestre 2000
Bibliothèque nationale du Québec
Bibliothèque nationale du Canada
Bibliothèque nationale de Paris

Diffusion
Québec : ADA Diffusion - (450) 929-0296
www.ada-inc.com
France : D.G. Diffusion - 05.61.000.999
Belgique : Rabelais - 22.18.73.65
Suisse : Transat - 23.42.77.40

Imprimé au Canada

Dédicace

**Au docteur Leo Bush
et à Letha Bush,**

qui ont si généreusement donné à tant de gens
de tout ce qu'ils sont et de tout ce qu'ils ont.

Tout au long de leur vie de générosité,
ils ont à la fois démontré
et reçu leur abondance,
servant d'inspiration et de modèles
à tous ceux qui ont la grâce de les connaître.

À Dennis Weaver,

acteur, activiste, ami et complice sur la voie.

Il honore le divin en chacun.
Il aime la Terre et la parcourt avec grâce.
Il traite son corps comme un temple de l'Esprit vivant.
Il est une démonstration de ce qu'est la vie holistique.

À Nancy, encore

Chaque définition d'une relation merveilleuse
s'incarne en elle.

Si vous la connaissiez, vous n'auriez plus à lire aucun livre,
à faire jouer aucune cassette, à entendre aucun sermon, à
poser aucune question.
Vous n'auriez qu'à l'observer.

Introduction

La plus grande ironie de la vie, c'est que ce que nous voulons, nous l'avons.

Nous avons déjà en abondance ce que nous voudrions avoir en abondance.

Vous ne trouverez peut-être pas que c'est vrai pour vous, ou pour d'autres gens que vous observez ou que vous connaissez, mais ça l'est, et ce n'est que lorsque nous nous disons que ce n'est *pas* vrai que cela ne *semble* pas vrai dans notre expérience.

La perspective joue un rôle extraordinaire dans notre expérience de la vie. Ce qu'une personne appelle un « manque » est pour une autre une « abondance ». Ainsi, nos définitions personnelles créent nos expériences personnelles. Et nos définitions, ou nos décisions, à propos des choses se reproduisent et s'amplifient. Si nous disons d'une chose qu'elle est telle, elle grandira pour devenir telle.

Comment se fait-il que je le sache ? Je sais écouter. Depuis un certain temps, voyez-vous, j'ai posé des questions sur l'abondance, la vie abondante, l'argent et ce que certaines personnes disent être « la bonne façon de gagner sa vie ». Il y a quelques années, j'ai commencé à recevoir des réponses. Je crois que ces réponses sont venues de Dieu. Au moment où je les ai reçues, j'ai été si frappé et tellement impressionné que j'ai décidé de consigner par écrit ce qu'on me livrait. Ce document est devenu la série de livres *Conversations avec Dieu*, aujourd'hui des best-sellers dans le monde entier.

Pour bénéficier de ces réponses, il n'est pas nécessaire que vous soyez du même avis que moi quant à leur provenance. Il vous suffit de rester ouverts à la possibilité qu'il puisse seulement y avoir quelque chose que la plupart des humains ne comprennent pas vraiment à propos de l'abondance et qui pourrait tout changer, le cas échéant.

C'est dans cet esprit qu'un petit groupe d'une quarantaine de personnes s'est réuni dans une maison des environs de San Francisco, en Californie, en janvier 1999, afin d'approfondir avec moi ce que dit *Conversations avec Dieu* à ce sujet. J'ai partagé avec le groupe tout ce que je comprenais, dans le dialogue, à propos de l'abondance, de la vie holistique et des relations. J'ai aussi répondu à des questions à mesure qu'elles arrivaient. La synergie de cet après-midi-là a donné lieu à une expérience électrisante qui a librement provoqué un courant d'une merveilleuse sagesse. Il me fait plaisir de vous apprendre que cet échange a été enregistré sur cassettes vidéo et audio – dont des montages ont été publiés, depuis.

Ce livre est une transcription de cet événement et se lit d'une façon beaucoup plus spontanée – et, je pense, plus stimulante – qu'un texte écrit au départ pour la page imprimée. Et parce que le format livre n'est pas limité par les mêmes contraintes de temps et de production, nous avons pu inclure ici un contenu qui ne se trouve pas dans les versions vidéo et audio, qui devaient nécessairement être raccourcies en raison desdites contraintes.

Essentiellement, ce que Dieu nous dit dans *CAD*, c'est que la plupart d'entre nous ne comprenons pas ce qu'est véritablement l'abondance et la confondons avec l'argent. Mais lorsque nous faisons le point sur notre véritable domaine d'abondance et choisissons de le partager librement avec tous ceux dont nous rejoignons la vie, nous constatons que ce que nous *pensions* être l'abondance – l'argent – nous arrive en abondance.

Même cette chaîne d'événements, un grand nombre d'entre nous ne pouvons l'accepter. Car lorsque nous référons à l'argent, nous imaginons que c'est une expérience et une énergie distinctes de la réalité de Dieu. Mais rien, dans l'univers, n'est séparé de la réalité de Dieu ; tout fait *partie* de Dieu. Lorsque nous comprenons que l'argent fait partie de ce qu'*est* Dieu, notre attitude change par rapport à cela. Nous voyons alors l'argent comme une extension de la gloire de Dieu et non comme la racine de tout mal, et cela peut produire des résultats étonnants.

Il est *vraiment* possible de faire l'expérience de l'abondance, et les extraordinaires observations contenues dans *Conversations avec Dieu* nous montrent comment.

À propos de la vie holistique, je vous aiderai à envisager une version nouvelle de votre vie en vous offrant une compréhension inédite, créatrice et imaginative du processus de la vie.

Et finalement, j'aborderai les rapports amoureux dans notre vie. Il sera donc question des relations, un sujet fascinant débordant d'émotions et d'intuitions nouvelles. J'expliquerai pourquoi nous devons nous efforcer de trouver l'intimité avec l'autre. Comme aucune autre, l'expérience de nos connexions nous permet de « nous vivre », de nous connaître.

Voici ces observations, telles que je les ai reçues et comprises. Je les partage ici avec vous, en toute humilité. Prenez-les pour ce qu'elles valent, et j'espère que si un seul de ces commentaires vous ouvre une nouvelle fenêtre ou vous dégage un large passage vers un plus grand bonheur, vous aurez été servis.

Neale Donald Walsch
Juillet 1999
Ashland, Oregon

L'abondance et la possibilité de bien gagner sa vie

Je suis heureux de vous voir tous réunis ici. Bonjour, tout le monde. Bonjour, ma chérie. C'est ma femme. Je n'appelle pas tout le monde de l'auditoire « ma chérie », mais je serais tenté de le faire.

Eh bien, je suppose que vous vous demandez pourquoi j'ai organisé cette rencontre. Moi aussi. Pour inaugurer cette matinée, j'aimerais seulement bavarder un peu à propos de ce qui m'est arrivé dans ma vie. Je voudrais incorporer certaines des expériences que j'ai eues au cours des six ou huit dernières années, vous mettre au courant et à jour, et vous laisser savoir ce que cela représentait pour moi. Nous pouvons partir de là et commencer à parler des sujets précis que, j'espère, nous aurons la chance d'explorer ici ensemble.

Comme c'est gentil de votre part de vous trouver dans la salle avec moi aujourd'hui. Et comme c'est bien que vous ayez choisi de vous trouver sur la planète avec moi en ce moment. Cette époque est très très importante. Les gens disent cela depuis des siècles, et ils sont toujours sérieux. Mais je ne suis pas sûr que ça ait déjà été plus vrai que maintenant.

Nous entrons dans une période où nos décisions et nos choix auront un impact crucial et un effet extraordinaire sur la vie que nous créerons collectivement. Il est donc vraiment important de nous réunir en groupe comme celui-ci ou en d'autres, petits et grands, et de partager notre réalité, notre compréhension, afin de savoir encore plus clairement ce que nous détenons en commun. Et lorsque nous trouvons des différences entre nous, trouvons aussi une façon de les célébrer. Autrement, nous n'allons pas pouvoir faire une différence sur cette planète. Et vous êtes venus pour cette raison. C'est même ce pour quoi vous êtes dans ce corps, en ce moment. Que vous le sachiez ou non, vous êtes venus ici avec un programme considérable. Et pour la plupart des gens, s'ils sont comme moi, le programme est beaucoup plus grandiose qu'ils pourraient le croire ou l'imaginer au départ. J'insiste là-dessus.

D'abord, votre vie n'a rien à voir avec vous. Et cela pourrait changer tout ce que vous pensez sur ce que vous faites ici. Et elle n'a rien à voir non plus avec votre corps. Cela aussi pourrait changer tout ce que vous pensez sur ce que vous faites ici. Votre vie est reliée au programme déjà établi pour vous et par vous, par la part de vous que nous en sommes venus à nommer, dans notre langage, votre âme.

Très peu de gens ont accordé beaucoup de temps et d'attention, dans cette vie-ci, au programme de leur âme. C'est du moins mon cas. Pour la plus grande part de ma vie, j'ai accordé mon attention au programme de mon ego, de mon esprit, de mon corps — autrement dit, à cette part de moi que je croyais vraiment être. Et j'ai accordé très peu d'attention au programme de mon âme, à ma véritable raison d'être ici. Et pourtant, ceux d'entre nous qui commencent à accorder de l'attention à leur véritable raison d'être ici ont peu à peu un impact extraordinaire sur le monde – un impact qui dépasse l'imagination. Soudainement, on se trouve devant un précipice, juste au bord. Et cela ressemble beaucoup à ce que disait Apollinaire : « Venez jusqu'au bord. »

« Nous ne pouvons pas. Nous avons peur. »

« Venez jusqu'au bord. »

« Nous ne pouvons pas. Nous allons tomber. »

« Venez jusqu'au bord. » Et ils sont venus. Et il les a *poussés*. Et ils se sont envolés.

Très peu d'entre nous sont maintenant prêts à aller ou prêts à partir, comme le disait Gene [Roddenberry[1]], là où aucun humain n'est jamais allé, amenant avec eux tous ceux dont ils ont atteint la vie, pour une lubie qui changera véritablement le monde. Et en cette époque-ci, vous aurez une occasion de décider si vous faites

---

1. Auteur de science-fiction à l'origine de *Star Trek*. (NDE)

partie ou non de ces quelques élus choisis, pourrais-je ajouter, par vous-mêmes, et non par un autre. C'est un processus d'auto-sélection. Un jour, au réveil, vous vous regarderez dans le miroir et vous direz : « Je me sélectionne. Je me choisis. C'est moi le chat ! » Comme un jeu de chat, mais avec un seul joueur. « C'est moi le chat ! Tag ! »

Ça *ressemble* beaucoup à un jeu d'enfants, vous savez. À un jeu marqué par l'abandon et la joie des enfants qui ont du plaisir ensemble – sauf qu'à ce jeu, il n'y a qu'un seul joueur. Et maintenant, vous cessez de jouer à cache-cache et vous vous mettez à jouer à *chat*. « C'est moi le chat ! » « C'est toi le chat ! » « Merci beaucoup. »

Alors, ces temps-ci, vous pouvez vous choisir, ou non, à votre gré. Comme *vous* voulez. Mais si vous vous choisissez pour ce jeu-là, vous découvrirez que vous avez mis de côté toutes vos croyances, interprétations, pensées et idées sur ce que vous faites ici, sur la raison pour laquelle vous êtes arrivés dans votre corps en ce moment et en ce lieu. Vous changerez tout ce que vous avez jamais cru à ce sujet. Et vous découvrirez que votre vie, en effet, n'a rien à voir avec vous ni avec votre corps.

Ironiquement, au moment où vous décidez et déclarez que votre vie n'a rien à voir avec vous ou votre corps, tout ce que vous avez jamais cherché, tout ce dont vous avez été assoiffés, pour lequel vous avez lutté, pour vous-mêmes et pour votre corps, vous viendra *automatiquement*. Et vous ne vous en occuperez même pas. Car vous n'en aurez plus besoin. Vous y goûterez, c'est sûr. Mais vous n'en aurez plus besoin. Et la lutte sera enfin terminée.

Mais elle n'aura fait que commencer pour les centaines, les milliers et, peut-être, les millions de gens que vous aurez rejoints. Et vous les verrez chaque jour – des gens pour qui la lutte ne fait vraiment que commencer, qui font ces quelques premiers pas du retour au bercail. Et eux, comme vous, tendront la main, au figuré, sinon littéralement, et parfois même très littéralement. Et ils regarderont autour d'eux, espérant trouver quelqu'un qui prendra leur main en disant : « Viens, suis-moi » ; qui *osera* dire : « Je suis la voie, et la vie. Suis-moi. »

Cela peut sembler presque trop dogmatique pour certaines

personnes. Mais c'est le troisième et dernier des jeux d'enfants que choisira l'enfant en nous, qui est notre âme. Plus de *cache-cache* ; plus de *chat* ; *suivez le chef.*

Et maintenant, c'est vous, le chef. Et nous allons vous suivre. Nous allons marcher sur vos pas. Je ferai les choix que vous effectuerez. Nous allons prendre les mêmes décisions et dire les mêmes mots que vous. Nous allons rejoindre le monde comme vous le rejoignez. Nous ferons comme vous.

Si, aujourd'hui, vous pensiez que le monde entier vous regarde et suit votre exemple par rapport à tout ce que vous pensez, dites et faites, cela changerait-il d'une manière quelconque la façon dont cette journée se passe pour vous ? Peut-être juste un peu pour certains d'entre vous.

Eh bien, le monde entier vous suit, que vous le sachiez ou non. C'est le plus grand secret : le monde entier – sûrement le monde dont la vie vous rejoint – vous suit. Nous vous observons. Nous voyons qui vous êtes vraiment. Et nous voyons qui vous croyez être. Et nous prenons notre signal de vous. Tels des acteurs sur une scène, nous vous imitons, parce que nous n'avons personne d'autre à imiter. Nous sommes tout ce qu'il y a. Il n'y a personne d'autre.

Nous pouvons chercher à l'extérieur de nous-mêmes un exemple dans le ciel, quelque part – peut-être même dans notre imagination. Mais à la fin, nous allons nous imiter mutuellement. Les enfants imiteront leurs parents, et les parents imiteront leurs propres parents. Et le pays imitera le pays. Finalement, nous recevrons nos signaux les uns des autres, jusqu'à ce que l'un de nous sorte des rangs et dise : « C'est pas comme ça. C'est plutôt comme ça. »

Ce que vous allez décider, à ce moment de votre vie, en cette période vraiment déterminante du tournant du siècle et du passage à un véritable Nouvel Âge, est crucial. Ce n'est pas une mince décision, car vous ne la prenez pas que pour vous. Vous la prenez pour tous ceux qui sont dans cette salle. Et la raison en est très claire : il n'y a *vraiment* personne d'autre que vous dans la salle. Vous voici, dans vos nombreuses autres formes manifestes ; vous voici. Ainsi, la décision que vous prenez pour vous, vous la prenez pour nous tous. Parce que nous ne sommes qu'un, ici.

Cela peut paraître un peu ésotérique. D'abord, nous avons l'air de tenir un discours religieux, puis maintenant, un autre plutôt ésotérique. Mais ce sont ces pensées, ces concepts, ces idées qui doivent commencer à diriger le moteur de notre expérience humaine collective. Autrement, notre expérience humaine ne sera pas beaucoup plus longtemps collective, mais se désintégrera et s'écroulera, tout comme notre planète.

Nous sommes rendus à ce point, à présent. Vous savez, jadis, lorsque les avions traversaient l'océan, on appelait ça « le point de non-retour ». Trop loin pour revenir en arrière, pas assez loin pour se rendre en toute sécurité. Il y a cette petite zone rouge, vous savez, où vous n'êtes ni là ni ici, ni ici ni là.

Il semble que c'est là que nous sommes, maintenant, sur cette planète, de bien des façons, en termes d'écologie, d'économie mondiale. Dans bien des régions du monde, nous voyons tout cela s'effondrer, qu'il s'agisse de structures sociales, d'interprétations spirituelles, de l'éducation de notre progéniture. De tant de manières et dans tant de domaines, on dirait que nous sommes dans ce « no man's land », dans cette zone rouge. Nous ne sommes pas ici, sans être là non plus. Ni ici ni là, mais nous avons dépassé le point de non-retour. Nous avons franchi le Rubicon.

Avec toutes ces phrases, je trahis mon âge. Tous les moins de 35 ans se disent : « Franchir le Rubicon ? Qu'est-ce que ça peut bien vouloir dire[2] ? »

Nous avons donc franchi le Rubicon, et maintenant, la question est la suivante : que faisons-nous et comment permettons-nous aux autres de traverser de l'autre côté ? En fait, la réponse à cette question sera fournie à la race humaine par des gens comme vous. Par vous.

Et si vous croyez qu'il s'agit de gens comme moi qui se trouvent, ce jour-ci et en ce moment-ci, à profiter de leurs quinze minutes au soleil, vous avez tort. Je veux vous amener à bien comprendre, ici, aujourd'hui, que ça ne concerne pas les gens de-

---

2. Cela signifie prendre une décision audacieuse et irrévocable, le Rubicon étant une rivière séparant autrefois l'Italie de la Gaule cisalpine. (NDE)

vant vous. Si je me trouve ici maintenant, c'est, disons, par pur hasard. Ce pourrait tout aussi facilement être vous. En fait, l'un de vous devrait venir donner le reste du programme. (rire) Une idée, comme ça. Nancy est prête.

Mais c'est le test véritable. La question véritable. Combien d'entre vous, si on leur en donnait l'occasion, si on leur lançait le défi, si on les choisissait, diraient : « Eh, Neale, tu sais quoi ? Je suis prêt ! Je vais prendre le fauteuil, prendre place devant la salle. » Parce que le secret véritable de votre vie, c'est que, de toute façon, vous êtes devant la salle, que vous le sachiez ou non. C'est l'argument que j'essaie de souligner. De toute manière, vous êtes devant la salle. Si vous ne le voyez pas, ce n'est qu'apparence. En fait, la véritable ironie de la vie, c'est qu'il n'y a pas d'*autre* place que devant la salle. Le fond de la salle n'existe pas. Donc, vous ne pouvez plus vous cacher ; vous devez obligatoirement *suivre le chef*.

Permettez-moi de vous raconter comment j'ai abouti dans ce fauteuil, juste pour vous expliquer un peu comment tout cela a commencé. En 1992, j'avais atteint le bout du rouleau, au point où je perdais une autre relation sérieuse avec une conjointe importante. Ma carrière se trouvait dans un cul-de-sac. Ma santé se détériorait. Rien ne fonctionnait dans ma vie. Et cette relation-là était celle qui, je le croyais, allait durer à jamais. Et je la voyais se désagréger sous mon nez, entre mes mains.

Ce n'était pas la première fois qu'une telle relation se désintégrait devant moi. Ni la deuxième. Ni la troisième, ni la quatrième. Alors... (rire) je savais qu'il y avait quelque chose que je ne savais pas, et que si je le savais, cela pouvait tout changer pour moi – mais je ne savais pas ce que c'était. Et dans ma vie amoureuse, je ne pouvais tout simplement pas trouver ce secret.

Et dans ma carrière, le même genre de défis se présentait à moi. Vous savez, j'avais lu tous les livres du genre : *Do What You Love, and the Money Will Follow* (Faites ce que vous aimez et l'argent suivra). Je ne pense pas que ce soit toujours vrai – sauf erreur, bien sûr. Mais je n'arrivais pas à trouver la formule. Ou bien je faisais quelque chose que j'aimais, mais j'étais alors fauché comme les blés ; ou bien je gagnais suffisamment d'argent pour me débrouiller, j'y arrivais, mais mon âme mourait de mille morts. Je ne semblais pas savoir comment rassembler les deux. Pas pour très longtemps. Si j'y arrivais, c'était toujours pour environ six ou huit mois, puis ça s'écroulait. Je ne semblais pas pouvoir recoller les morceaux et les faire tenir.

Même chose, côté santé : je n'avais pas l'impression de pouvoir traverser une année sans qu'il survienne quelque chose et, parfois, c'était assez gros. J'ai eu des ulcères à l'âge de 36 ans. Des problèmes cardiaques chroniques, un tas de choses dont je ne vous parlerai même pas. Alors, à 50 ans, j'avais l'impression d'en avoir 80 – et cet octogénaire n'était pas très en santé : arthrite, fibromyalgie, des affections du genre. Vous savez de quoi je parle ? Je ne pouvais faire fonctionner le mécanisme. Tout cela m'arrivait en même temps.

Habituellement, Dieu faisait preuve de plus de bonté que ça à mon égard. Il se passait une chose ou une autre dans ma vie. Mais durant cette période-là, pour des raisons qui ne sont pas encore claires à mes yeux, tout survenait en même temps, du même coup. « Oh, dit Dieu, donnons-lui un triple coup. Faisons le vieux numéro carrière-relation-santé au cours de la même semaine. » Alors, c'est là que j'en étais. C'était un peu comme un triple lutz métaphysique. Et je patinais sur de la glace mince. Je ne savais pas où j'allais. J'étais très, très, *très* en colère – et je menaçais de sombrer dans la dépression chronique.

Un jour, je me suis éveillé au milieu de la nuit rempli de rage et peiné de l'état de ma vie. J'ai rejeté les couvertures du lit, j'ai bondi jusqu'à la pièce principale de la maison et j'ai cherché des réponses. Je suis allé là où je vais toujours chercher des réponses au milieu de la nuit, mais cette fois, il n'y avait rien d'intéressant dans le réfrigérateur, et j'ai marché vers le sofa, où je me suis assis.

Essayez de m'imaginer, assis là, à quatre heures du matin, marinant dans mon propre jus, pour ainsi dire. Puis, je me suis dit : Eh bien, je pourrais faire une razzia et démolir la maison, casser la vaisselle, peu importe. Mais j'étais assis là et j'ai crié : « Dieu, qu'est-ce qu'il faut ? Qu'est-ce qu'il faut faire pour que ce jeu-là fonctionne ? Donne-moi les règles. Je te promets que je jouerai le jeu. Donne-moi seulement les règles. Et après que tu me les auras données, ne les change plus. » Et j'ai posé un tas d'autres questions.

Alors j'ai vu, sur la table basse devant moi, quelque chose qui ressemblait à un bloc de papier jaune de grand format. À côté, il y avait un stylo. Je l'ai pris, j'ai allumé une lampe, et j'ai commencé à écrire ma colère. Ça semblait une façon sécuritaire et tranquille de traiter la chose à 4 h 15 du matin. Je ne sais pas comment vous faites quand vous êtes en colère et que vous transposez cela sur une feuille, mais moi, j'écris alors en grosses lettres. Alors, j'ai écrit : *Qu'est-ce que ça prend pour que la vie fonctionne ?* J'étais vraiment en colère !!! *Et qu'est-ce que j'ai fait pour mériter cette vie de lutte continuelle ?*

J'ai continué sans arrêt, comme ça, pendant une vingtaine de minutes, à laisser éclater ma colère, à défier l'univers de me donner une réponse. Finalement, je me suis un peu calmé, je me suis senti juste un peu mieux... puis bien. Je me suis dit : Eh, ça marche ! Il faut que je partage ce processus avec des amis ! J'ai pris le stylo, j'ai tenté de le déposer, mais il ne voulait pas quitter ma main. J'ai constaté cela et je me suis dit : « C'est intéressant. Écrire tout ça m'a donné une crampe à la main. » On trouve toujours une explication.

Pour des raisons qui ne me semblent pas claires, j'ai posé à nouveau le stylo sur le papier. Et une pensée m'est venue d'une petite voix, ici, juste au-dessus de mon épaule droite. Maintenant, je l'appelle ma voix sans voix. La première fois que je l'ai entendue, c'était comme si quelqu'un murmurait à mon oreille droite. Et le sentiment qui m'est venu était un calme extrême. J'étais, pour ainsi dire, calmé – très en paix et rempli d'une sorte de joie indescriptible.

Vous savez, je pense à des moments de ma vie où j'ai ressenti cette joie... au moment où j'ai épousé Nancy – pas même à toute la cérémonie, mais à ce moment particulier où le pasteur a fini par dire : « Est-ce que vous... » Et à cet instant, je l'ai regardée dans les yeux, j'ai fait une courte pause et j'ai dit : « Oui, je le veux. » Il y a eu ce minuscule éclat d'instant où tout le corps est rempli de quelque chose d'indescriptible, où on s'aperçoit qu'on est en train de prendre une décision énorme, de faire un choix gigantesque, et où on en est si heureux qu'il n'existe pas même une parcelle de doute là-dessus – ce moment en est un de joie totale...

Je crois que nous avons tous goûté ces moments, peut-être trois, quatre ou même cinq fois dans une vie, où nous sommes tout simplement remplis de ce sentiment que tout est « correct »... totalement correct – et totalement joyeux. C'est comme ça que je me sentais au moment où j'ai entendu pour la première fois cette voix sans voix. C'était tout simplement... de la joie. Une joie paisible et calmante.

Et cette voix sans voix a dit : « Neale, veux-tu vraiment des réponses à ces questions, ou es-tu seulement en train de te défouler ? » J'ai répondu : « Euh, tu sais, je suis en train de me défouler, mais si tu as des réponses, j'aimerais les connaître, bon Dieu ! » Là-dessus, les réponses sont arrivées – en torrent. À chaque question que je m'étais jamais posée. Et si rapidement que j'avais l'impression de devoir les écrire sous peine de les oublier. Voyez-vous, je n'ai jamais eu l'intention d'écrire un livre. Je rédigeais tout simplement ce texte parce que je ne voulais pas oublier ce qui me venait.

Alors, je l'ai écrit aussi vite que ma main pouvait voler. Et en relisant ces phrases, j'ai naturellement soulevé d'autres questions pour moi-même. C'était étonnant de voir ce qui sortait de mon stylo. Puis, j'ai commencé à écrire les questions que les réponses soulevaient pour moi, ce qui en a entraîné d'autres. Et j'ai formulé d'autres questions, qui ont soulevé d'autres réponses. J'ai bientôt été engagé dans un dialogue sur papier et j'ai plus tard appris que c'était avec Dieu.

Voilà, en résumé, de quelle façon j'en suis venu à me trouver ici – et comment j'ai fini par expédier ce dialogue sur papier à un éditeur. Les gens me demandent parfois : « Pourquoi en êtes-vous arrivé là, si vous n'aviez pas l'intention d'écrire un livre ? » Eh bien, vous vous rappelez peut-être que, dans le dialogue, il est dit : « Un jour, ceci deviendra un livre. » Je me suis donc dit : Eh bien, je vais juste mettre Dieu à l'épreuve. En réalité, je testais la déité. Car lorsque j'ai écrit qu'un jour cela deviendrait un livre, ce que j'ai d'abord compris, c'est : toi et cent autres personnes allez envoyer vos radotages mentaux nocturnes à un éditeur, qui va immédiatement sauter dessus et dire : « Mon Dieu, bien sûr, *nous*

allons publier ça tout de suite. » Et dans le monde entier, des
millions de gens vont acheter ça.

En fait, c'est exactement ce qui s'est passé. Il a été publié. Des
millions de gens l'ont acheté. Il a été traduit en vingt-sept langues.
C'est vraiment étonnant de voir ses écrits sortir en japonais, en grec
ou en hébreu et de s'apercevoir qu'on a vraiment rejoint le monde
entier.

Digression

Pourquoi suis-je assis ici à l'avant de la salle ? Je veux vous dire
pourquoi j'ai choisi l'avant de la salle. Il est très clair pour moi, à
présent, que j'ai été appelé à devenir un messager. En fait, je l'ai
toujours été, et il n'y a pas d'autre place, pour moi, qu'à l'avant de
la salle. J'ai un message très important à partager avec vous. Le
voici : vous êtes *tous* des messagers, et il n'y a pas d'autre place,
pour vous, qu'à l'avant de la salle. Vous êtes tous venus partager un
message capital avec tous ceux dont vous touchez la vie. Le voici :
chacun d'entre eux est un messager. Ils sont tous venus ici avec un
unique message à partager. Le seul endroit, pour eux, c'est à l'avant
de la salle. Et voici à nouveau le grand message qu'ils sont aussi
venus partager : *chacun est un messager*.

C'était par une nuit sombre et orageuse, et un groupe de bandits
étaient assis autour du feu de camp. Puis l'un d'eux demanda : « Chef, racontez-nous une histoire. » Et le chef dit : « C'était
par une nuit sombre et orageuse, et un groupe de bandits étaient
assis autour du feu de camp, et l'un des bandits demanda : "Chef,
racontez-nous une histoire." Et le chef dit : "C'était par une nuit
sombre et orageuse..." » »

Alors, comme vous voyez, tout s'emboîte. L'histoire éternelle de
la vie, c'est la même histoire. Le message glorieux que je suis venu
partager, c'est le même message, à savoir que vous êtes venus
partager un message. Et ce message, c'est qu'ils sont aussi venus
partager un message, et voici ce que nous sommes tous venus
partager les uns avec les autres : « Bonjour, *réveillez-vous.*
Savez-vous qui vous êtes vraiment ? Bonjour. *Réveillez-vous.*
Comprenez-vous ? »

En d'autres termes, vous et moi ne faisons qu'un. Nous ne sommes qu'une personne dans la salle. Si vous croyez être séparés, arrêtez ça. Arrêtez, car ce n'est pas le cas. Nous ne le sommes pas. Nous ne sommes qu'une personne dans la salle. Et il n'y a aucune différence entre nous. Et si vous croyez qu'il y en a une, arrêtez, car ce n'est pas le cas. Et cessez de créer une différence artificielle alors qu'il n'y en a pas. Et lorsque vous ne le faites pas, alors vous et moi ne faisons qu'un, et nous ne sommes qu'un dans la salle, sur la planète et dans toute la création. Tout ce qui vous cause de la douleur et du malheur, de la peine et des difficultés ou qui entraîne du travail et des luttes, disparaîtra, tout simplement.

Alors, cessez de penser que vous êtes là et que je suis ici. Il n'y a aucun endroit où « vous » finissez et où « je » commence – c'est là un message tellement simple et élégant qui change tout. Quand comprendrons-nous ? Lorsque nous partagerons le message.

Alors, nous voici réunis aujourd'hui. En entrant dans la salle, je me suis dit : « Zut, qu'est-ce que je fais ici ? » Voyez-vous, si je ne fais pas attention, je risque de donner l'impression d'avoir quelque chose à dire que vous ne savez pas. Il faut vraiment que je prenne garde. Et si nous ne prenons pas garde, *vous* pourriez avoir l'impression d'avoir quelque chose à entendre que vous ne connaissez pas, que vous n'avez jamais entendu. Nous risquons d'oublier qui nous sommes vraiment et de jouer un jeu appelé « je sais et pas vous ». Sauf que je ne veux pas jouer à ce jeu, ni maintenant ni jamais. Il est très clair pour moi que je n'ai rien à dire que vous ne connaissiez déjà. Alors, merci d'être venus, et salut bien.

Depuis que je suis entré, j'ai cherché une façon de sortir de la salle. Celle-ci devrait fonctionner. D'accord, mais avant d'aller plus loin – car nous allons parler un peu de l'un de nos sujets les plus importants : l'abondance et la possibilité de bien gagner sa vie –, quelqu'un a levé la main, et je l'ai ignoré pendant quinze minutes.

Vous avez décrit comment vous entendiez la voix, la partie gauche de votre épaule...

En fait, c'était mon épaule droite, mais peu importe.

Et ensuite, en posant des questions, en obtenant des réponses
et en écrivant des livres, y avait-il un sentiment précis associé à
cette voix ou à cette impulsion particulière d'écrire, qui
l'authentifiait par rapport, disons, à d'autres fois où nous
entendons une voix, ou à d'autres fois où nous sommes poussés à
écrire ? Y avait-il quelque chose d'autre, une présence, un
sentiment... Pouvez-vous nous décrire à quoi cela ressemblait ?

C'était une douceur. Comme si tout mon corps prenait une autre
consistance. J'arrive à peine à décrire cet état. C'était tout
simplement un largage de chaque parcelle d'anxiété ou de tension,
je veux dire de « négativité » en moi, pendant que j'étais assis sur
ce sofa. Comme si, sans aucun acte de volonté de ma part... je
laissais aller ma tension. Ça s'est passé tout simplement.
Soudainement... Et alors, de cette douceur surgissait une... C'est un
peu difficile à expliquer.

Ça ressemble presque à une paix qui prend de l'ampleur ?

C'est une paix, un sentiment de joie compréhensible et une
unité – une joie qui fait presque monter les larmes. Ce genre de
joie profonde, tellement profonde. Et dès ce premier instant, j'étais
assis là, et les larmes ont commencé à couler. Et j'avais écrit à
peine dix mots. Je me rappelle la tache d'encre sur la page.
J'utilisais un stylo-feutre – et l'encre coulait en même temps que
mes larmes.

À présent, je suis un peu habitué à l'expérience. Alors, je suis
conscient de ce qui va arriver. Mais je connais ce sentiment. Est-ce
que l'un d'entre vous a déjà assisté à la naissance d'un bébé ?
L'avez-vous tenu dans vos bras pendant les trois ou cinq premières
minutes de sa vie, en regardant son visage ? Si jamais vous avez
fait cette expérience, c'est ce sentiment que ça laissait. Et je n'avais
aucun autre sentiment que l'unité, la relation complète, l'amour qui
ne connaissait aucune limite d'aucune sorte, aucune condition. Un
simple sentiment de... Il n'y a pas de mots. C'était comme tenir
votre nouveau-né dans vos mains. Et je savais, à ce moment-là, que
je tenais vraiment un nouveau-né entre mes mains. Que j'avais

donné naissance à un nouveau Moi.

Vous savez, je n'ai jamais dit ces choses auparavant. Pour répondre à votre question, c'est cette imagerie qui me vient. Vous le saurez quand vous renaîtrez. Personne n'a à vous dire quand vous renaîtrez. Vous le saurez. Après un tel instant, vous ne vous sentirez plus jamais le même, jamais – à propos de vous-même ou de quiconque.

Toutes les barrières entre vous et les autres tomberont. Tout sentiment de séparation disparaîtra. Et alors, vous deviendrez très « dangereux », parce que vous aurez envie d'aller trouver des gens et de leur donner de grandes accolades. D'aller les trouver et de leur dire : « Je vous aime tellement » (rire), en espérant qu'ils ne vous feront pas arrêter – surtout, grands dieux, si vous vous comportez de la sorte avec un autre homme... Car d'après la société, vous n'êtes pas censé agir ainsi avec un autre homme. Si vous êtes un homme, soyez prudent... les histoires entre individus du même sexe...

Excusez-moi, même ce que je dis me fait pleurer. (rire)

Depuis le début des temps, tout ce que nous voulons, c'est aimer et être aimés. Pourtant, nous n'avons fait que créer des restrictions morales, des tabous religieux, qu'instaurer des éthiques sociales, des traditions familiales, des constructions philosophiques, toutes sortes de règles et de règlements nous disant qui, quand, où, quoi et comment nous pouvons aimer ; et qui, quand, où, quoi et comment nous ne le pouvons pas. Malheureusement, la seconde liste est plus longue que la première.

Qu'est-ce qu'on fait ? Si je vais trouver un gars en disant : « La beauté en moi voit la beauté en toi », qu'y a-t-il de mal à cela ? Ou si je vais trouver un étranger en disant : « Je vois qui tu es », pourquoi n'est-ce pas correct ?

Je ne comprends pas comment nous avons décidé de construire ça, mes amis. Mais je dois vous dire ceci : si nous ne changeons pas la construction, nous ne ferons jamais l'expérience véritable de qui nous sommes vraiment. Alors, il est temps de reconstruire et de recréer. De nous recréer à neuf – dans la prochaine version la plus grandiose de la plus grande vision que nous ayons jamais entretenue à propos de qui nous sommes.

Eh bien... Ne me lancez pas sur ce terrain-là. Voyez-vous, quand vous me placez devant une salle remplie de gens comme ça, je vois de nouvelles recrues. Que puis-je faire pour les amener à jouer ? Avez-vous jamais eu ce sentiment en allant au terrain de jeu ? J'avais l'habitude de me rendre au terrain de jeu du voisinage, à environ huit rues de chez moi. À mesure que j'approchais, je me sentais emballé : « Je me demande qui est là ? » Je voyais des enfants jouer là-bas. Certains que je reconnaissais, d'autres pas, venus d'une autre section du quartier. Je me rappelle encore m'être demandé : « Comment les amener à jouer avec moi ? » Avez-vous jamais eu ce sentiment en vous approchant d'un terrain de jeu ?

Alors, vous arriviez, et certains jeunes vous disaient : « Eh, salut, Neale. Je vais jouer avec toi. » Mais d'autres lançaient : « Oh, c'est encore cette grande gueule de Walsch » et vous mettaient de côté. Quelqu'un ici s'est-il déjà fait rejeter d'un terrain de jeu ? Aucun d'entre vous, hein ? Aucun d'entre vous n'est un ancien paria de terrain de jeu ? C'est ainsi que je me sens quand j'entre dans une salle comme celle-ci. « Oh, mon Dieu, je me demande s'ils vont jouer avec moi ? Ce serait tellement amusant ! »

Alors, jouons encore un peu avec ce texte. Jetons un coup d'œil sur certaines des choses qui m'ont été dites dans cet extraordinaire dialogue dans lequel je me suis trouvé engagé. Parlons de l'abondance.

L'abondance est un sujet auquel j'ai pris beaucoup d'intérêt au fil des années, comme bien des gens. Et la première chose que j'ai comprise à propos de l'abondance, c'est que, lorsque j'ai commencé à l'examiner en profondeur et à recevoir mon information d'une autorité supérieure, je la définissais mal. Je pensais que l'abondance, c'était des choses, qu'elle avait un rapport avec la quantité de choses que j'avais.

Je déteste être simpliste ou vous dire des évidences, car je sais que vous les savez déjà. Mais à ceux d'entre vous qui ont oublié qu'ils savent, j'aimerais rappeler ce qu'on m'a remémoré dans le dialogue : *l'abondance véritable n'a rien à voir avec ce que j'ai, mais tout à voir avec ce que je suis.* Et que, lorsque je partage à foison mon abondance d'être avec tous ceux dont je rejoins la vie, tout ce que j'ai essayé d'avoir m'arrive automatiquement, sans même que j'essaie.

Toutes les choses que j'associais à l'abondance, le cristal fin, les merveilleuses antiquités et les beaux vêtements, tout ça est tombé en place sans que j'aie à me battre. Je cherchais ce que je prenais pour l'abondance, et ce n'étaient que des objets. Et ce que j'*avais* déjà à profusion, je l'ignorais presque.

Je me rappelle m'être assis dans une salle remplie de gens, un peu plus grande que celle-ci, il y a quelques semaines, alors que j'animais une retraite dans les belles montagnes du Colorado, à Estes Park. Et dans cette salle, quelqu'un m'a dit : « J'aimerais pouvoir faire l'expérience de l'abondance. » C'était son problème. Et il a ajouté : « Vous savez, je ne fais pas beaucoup d'argent. J'ai à peine de quoi survivre. J'ai dû rassembler tous mes sous pour venir ici. » Et ainsi de suite. Et il a continué ainsi : « Toute ma vie, j'ai voulu vivre le genre d'abondance que je vous vois vivre » – et il m'a pointé à l'avant de la salle. Et j'ai répliqué : « Eh bien, vous savez, si vous voulez vraiment faire l'expérience de l'abondance, pourquoi ne pas passer votre heure du lunch à donner abondamment de ce que vous avez à donner ? » Il m'a regardé, étonné, et a répondu : « Je n'ai rien à donner. »

Il pensait vraiment – car il n'inventait rien – n'avoir rien à donner. Alors, j'ai dû le regarder et lui demander une évidence : « Avez-vous de l'amour à donner ? »

« Oh », qu'il a dit sans en être sûr. Mais je crois qu'il a dû concéder le fait qu'il y avait peut-être une parcelle d'amour en lui. Il s'est repris en disant : « Ouais, ouais, je suppose que j'ai de l'amour à donner. »

J'ai poursuivi : « Avez-vous de la compassion ? Est-ce que la compassion réside en vous quelque part ? »

« Ouais, je suppose que j'ai un petit peu de compassion. Des gens ont déjà dit que j'étais un gars compatissant. »

Il avait de la difficulté à en parler, d'ailleurs. Il lui était difficile de prononcer le mot « compassion » dans la même phrase que « je ». Mais il a avoué que, peut-être, il en avait aussi à donner.

Alors, avait-il aussi de l'humour ?

À cela, il a répondu : « Oh, oui... j'ai suffisamment de blagues pour en raconter tout le reste de ma vie. »

J'ai dit : « Merveilleux. »

Nous avons fait une liste des choses qu'il avait en abondance. Mais bien sûr, il ne pensait pas avoir quelque rapport que ce soit avec l'abondance telle qu'il la décrivait. J'ai dit : « OK, entendons-nous sur le fait que nous ne nous entendons pas sur notre définition de l'abondance. Mais entendons-nous sur le fait que vous avez de *ces choses* en abondance. » Nous pouvions nous entendre là-dessus.

J'ai ajouté : « Magnifique. Maintenant, voici ce que je veux que vous fassiez. Pendant l'heure du lunch, je veux que vous donniez de ces choses que vous avez reconnu avoir en abondance. Donnez-en à profusion. Donnez plus que vous n'avez jamais donné à tous ceux dont vous rejoindrez la vie au cours des quatre-vingt-dix prochaines minutes, pendant la pause du lunch. C'est le défi que je vous lance. » Et il a accepté.

Nous sommes partis pour l'heure du lunch, qui commençait seulement quelques minutes plus tard, et il s'est mis à déverser ce dont il avait en abondance à tous les gens qui se trouvaient dans ce YMCA où nous faisions cette retraite... Il n'y avait pas seulement notre groupe, puisque d'autres groupes louaient différents pavillons. Il y avait donc peut-être 600 personnes à cet endroit, dont 200 participaient à notre retraite et 400 à d'autres. Alors, beaucoup d'étrangers ne savaient pas qui était ce gars ni ce qu'il faisait là. Il est entré dans la cafétéria. Pour lui, ce défi représentait une confrontation majeure. Un peu comme s'il se disait : mon groupe sait que je vais faire le fou, maintenant, mais les autres ne savent pas que je vais me comporter comme un dingue.

Voyez-vous, quand vous donnez de vous-même en abondance, la moitié du monde appelle ça de la folie et croit qu'il doit se passer quelque chose de détraqué en vous. Les gens n'agissent pas ainsi. Bien sûr, c'est ça, le problème. Les gens n'agissent pas ainsi. Le voici donc qui s'avance vers les gens et qui partage en abondance de ce qu'il a à profusion, c'est-à-dire son amour, sa bonne humeur et son humour. Il s'est mis à raconter des blagues dans toute la salle. Certaines personnes riaient : « Ha, ha, ha, c'est vraiment drôle. » Et d'autres gens se demandaient aussi en riant : « Qui c'est, ce gars-là ? » mais tout le monde, au moins, riait un peu. Ceux qui ne trouvaient pas sa blague tellement drôle ne pouvaient s'empêcher de sourire un peu en voyant ce gars merveilleux, ce « Père Noël » qui venait d'apparaître soudainement.

Il se promenait parmi les gens en leur disant des choses merveilleuses. Une personne n'était pas de très bonne humeur, et il a profité de l'occasion pour lui montrer de la compassion. Et il l'a fait en ne racontant plus de ses mauvaises blagues. Ce peut être un acte de compassion, comme je l'ai appris. Mais ensuite, il s'est assis auprès de cette personne et lui a dit : « Je ne vous connais pas, mais je fais partie de cet autre groupe qui fait une retraite dans l'autre pavillon. Est-ce que ça va ? » Avant même de s'en rendre compte, il s'était engagé dans une conversation avec Dieu. Et il est arrivé à exprimer cette partie de lui-même.

Quand ce gars est revenu de l'heure du lunch, quatre-vingt-dix minutes plus tard, il se sentait tellement immense, tellement grand. Et il a dit : « Je n'arrive pas à vous traduire mon sentiment. » Je lui ai demandé : « Sentez-vous l'abondance, maintenant ? » Il a répondu : « Oui, je la sens. Je me sens très riche avec toutes ces grandioses parties de moi-même que je ne m'étais pas vraiment permis d'exprimer. Je ne m'étais pas permis de faire cela. »

Mais ce qui était vraiment amusant, c'est que le groupe lui avait joué un tour... Pendant le lunch, quelqu'un était passé dans la salle avec son chapeau, et tout le monde y avait mis de l'argent. Alors, quand il est revenu, beaucoup d'argent avait été amassé dans le chapeau. La salle voulait seulement lui prouver que ce qu'on donne nous revient toujours. C'était seulement cette incroyable expérience instantanée de la vérité. Avez-vous jamais fait l'une de ces expériences ? Vous faites « Bong ! » la paume au front, parce que c'est si évident.

Alors, après s'être assis dans son fauteuil et avoir parlé de ça à tout le monde, il a vu quelqu'un lui tendre cette pile d'argent. Et il est juste resté là... des larmes coulant sur ses joues. Il venait de connaître une expérience directe de ce qui est éternel : ce que vous donnez aux autres, vous vous le donnez à vous-même. Vous pouvez le donner sous une forme, et ça reviendra sous une autre. Mais ça ne peut pas ne pas vous revenir, parce que nous ne sommes qu'un dans la salle. Et sa vie a changé à partir de sa nouvelle prise de conscience de l'abondance véritable.

Même les gens qui vivent dans la rue peuvent développer une conscience de l'abondance. Ils peuvent y arriver en faisant d'abord en sorte que les autres vivent ce qu'eux-mêmes choisiraient de vivre. Car même si vous avez très peu, vous trouverez quelqu'un qui en a encore moins.

Ça me rappelle l'histoire d'un gars nommé Joe, qui vivait vraiment dans les rues de San Francisco. Et même s'il avait peu de choses, il se chargeait tous les jours de trouver quelqu'un qui avait encore moins que lui. S'il s'arrangeait pour quémander quelques sous dans la rue, il donnait deux fois et demie le montant à quelqu'un qui en avait encore moins. Et c'était un gars très abondant ; en fait, on l'appelait le roi des rues, parce qu'il était la source d'abondance de tous les autres de la rue.

Les gens de la rue peuvent commencer à faire l'expérience de l'abondance s'ils veulent bien permettre à celui dont ils rejoignent la vie d'en faire autant en cet instant. Cela peut sembler plus facile à dire qu'à accomplir – je veux dire : je suis assis ici sur les genoux du luxe, à lancer cette affirmation. Et je ne veux pas paraître superficiel ni complaisant. Mais j'ai déjà vécu dans la rue. Pendant presque un an de ma vie. Et je me rappelle ce qui m'en a tiré.

Alors, la première chose que je veux partager avec vous au sujet de l'abondance, c'est : *clarifiez votre idée à propos de ce que c'est l'abondance*. Et quand vous déciderez de donner à foison de cette part la plus grandiose de votre être, à chaque personne dont vous rejoindrez la vie, votre vie changera en quatre-vingt-dix jours. Peut-être en quatre-vingt-dix minutes. Faites bien attention. Car les gens vont soudain comprendre qui vous êtes.

Permettez-moi de vous expliquer la différence entre l'avocat A et l'avocat B. Tous deux ont un bureau dans la même rue de la même ville. Ils sont tous deux diplômés de la même université, et ils étaient parmi les premiers finissants de leur classe. Ils ont donc des compétences équivalentes. Ce n'est pas une question de lieu, car ils sont tous les deux dans la même rue de la même ville. Mais l'un des deux, l'avocat A, fait des affaires d'or. Et l'avocat B, à quelques mètres dans la même rue, n'en fait pas autant. Pourquoi donc ? Qu'est-ce qui se passe ? Qu'est-ce qui fait qu'une personne vit ce que nous appelons une réussite, et l'autre pas, toutes choses étant égales ? Je lance tout simplement la question.

Il ne s'agit pas d'être né dans la richesse, ou quelque part, ni d'avoir eu tel avantage. Que dire quand deux personnes sont égales en tous points, sauf par rapport aux résultats ? Que se passe-t-il ? L'avocat A est très clair. Le plombier A est très clair. Le docteur A est très clair. Ce n'est pas ce qu'ils font. Ça n'a rien à voir avec ce qu'ils font.

Alors, faites attention de ne pas vous laisser prendre par l'idée que votre abondance (ou ce que vous voulez appeler votre succès dans la vie) vous viendra à partir de ce que vous faites. Ce n'est pas vrai. Et si vous n'avez pas appris cela, la vie vous l'enseignera. Parce que vous ferez tout cela. Vous ferez ceci, vous ferez cela, et vous ferez ceci, et vous ferez cela, et ceci, et cela – pour seulement aboutir à une défaite. Et vous vous demanderez alors : « Comment ai-je pu aboutir à une défaite ? J'ai pourtant fait tout ce qu'il fallait pour réussir. »

Et ça va vous apparaître : « Oh, je saisis. Ça n'a rien à voir avec ce que je fais. Ça n'a aucun rapport. Ce n'est pas comme ça que vont m'arriver toutes ces bonnes choses que je veux voir m'arriver. » Nous rencontrons alors, dans la rue, une autre personne qui semble ne rien faire. Et l'abondance coule sur elle, dégouline même. Ce n'est pas juste.

« Comment peut-il avoir tout ça ? Il ne fait rien. » Bien sûr, voilà précisément le secret. Il ne fait sacrément rien. Je veux dire – et je pèse mes mots ici : il ne fait sacrément rien. Et nous avons passé notre vie à courir pour faire toutes ces foutues choses. Mais il *est* quelque chose. Lorsqu'il entre dans la pièce, il est extraordinaire. Il est amour, compassion, sagesse, humour, sensualité. Il est joie. Et il est Un, le plus haut niveau de l'être.

Vous savez, lorsque vous allez voir un médecin, un avocat, un plombier, un dentiste, le commis de la poste, peu importe – lorsque vous allez voir cette personne, vous la regardez dans les yeux et vous vous dites : « Elle me reçoit. Elle me voit. Elle... » En un sens, même si vous ne pouvez le formuler, « on dirait qu'elle fait un avec moi ». On repart en se disant : « Quelle personne gentille. Quelle belle personne. N'est-ce pas qu'elle était adorable ?... »

J'essaie toujours d'être dans sa file d'attente. Vous savez de quoi je parle ? Avez-vous déjà vécu cela ? Quand je vais au supermarché, j'essaie d'être dans la file de cette caissière en particulier. Parce que je reçois une « dose » d'elle. Il ne se passe pourtant rien – c'est juste quelque chose qui fait que je tiens à être dans cette file. En étant dans cette rangée-là, je reçois cette « dose », ce quelque chose de spécial.

J'ai fini par écrire une lettre au maître de poste. Je ne sais pas ce qui se passe chez ce gars-là, dans la première file, mais il a quelque chose de magique. Tout le monde, dans la salle, est magnétisé et gravite vers son guichet.

Je lui ai demandé s'il se sentait abondant. Je sais que oui. Et ça n'a rien à voir avec son salaire. Comprenez-vous ? Voilà ce qui fait la différence. C'est celle entre l'avocat A et l'avocat B, entre le plombier A et le plombier B. La personne A et la personne B, là, sur le trottoir. Alors, à vous de décider si vous choisissez d'être une personne B ou une personne A. Si vous choisissez d'être une personne A, et que vous donnez abondamment toute la magie qui se trouve en vous, la magie à l'extérieur de vous sera attirée vers vous et deviendra une part de vous dans la mesure où vous l'accueillerez. Vous saisissez ? Dans un instant, nous parlerons davantage de la manière dont cela fonctionne.

Quand on cherche la façon de bien gagner sa vie, il faut bien retenir ceci : *il faut cesser de chercher quelque chose à faire et plutôt chercher quelque chose à être*. Et se mettre en contact avec cette part qui réside profondément en soi et qui sait qui on est vraiment. Et voir ce qu'il faudrait pour susciter tout cela au moyen de l'*être*.

Regardez en vous. Qu'est-ce que je suis, lorsque je me sens complètement comblé et que je m'exprime totalement ? Lorsque ça se produit ? Je suis peut-être un guérisseur, je suis peut-être sensuel, je suis peut-être créatif. Ou il y a un état d'être décrivant en deux mots l'essence de ce que ça montre à propos de vous, quelle partie de vous ça expose visiblement. Et c'est ainsi qu'on trouve comment gagner sa vie par le faire. C'est lorsque le faire vient de l'être, et non quand on utilise le faire pour *arriver* à l'être.

Je vais revenir là-dessus plus tard. Auparavant, comme je l'ai dit il y a une minute, avant d'arriver à une explication détaillée de tout ça, je veux d'abord passer à quelques autres pensées qui, je l'ai remarqué, empêchent les gens de vivre l'abondance. Et qui m'ont empêché de la vivre. Je vais en parler en termes de dollars, de cents et d'objets matériels. Car il est permis, vous savez, d'appeler aussi cela de l'abondance.

Voyez-vous, je ne veux pas donner l'impression de vouloir dire que ce n'est pas de l'abondance et que la seule abondance possible, c'est celle dont on a parlé. Il est également correct d'appeler ces choses, ces objets matériels (l'argent, les vêtements, les merveilleuses verreries et les antiquités), de l'abondance, car ça en est également. Alors, n'allons pas éliminer cela de la catégorie d'expérience de la vie que nous appelons l'abondance. Là aussi, j'étais dans le faire. Je veux dire, en un sens... Je l'appelais abondance, d'accord, mais je ne l'aimais pas. Laissez-moi vous expliquer, si je peux.

Bien des gens entretiennent l'idée que l'argent, en soi, est mauvais. Je ne sais pas si vous pensez cela. Et certaines personnes entretiennent cette pensée presque inconsciemment. Si vous leur demandez directement : « D'après votre expérience, croyez-vous que l'argent est mauvais ? » elles vous répondront : « Non, l'argent, c'est bien. » Bien des gens répondraient ça. Mais en réalité, ils font comme si c'était mauvais.

Laissez-moi vous donner un exemple. J'ai connu une personne qui ne voulait jamais admettre qu'elle maintenait l'idée que l'argent est mauvais. Pour elle, en fait, l'argent, c'est bien. Mais lorsqu'elle vous rend un service, comme vous conduire à l'aéroport, deux heures aller-retour vers Phoenix, ou quelque chose comme ça, et que vous descendez de voiture en lui disant : « Laisse-moi te donner juste quelques dollars pour l'essence », elle vous répond : « Oh, non, non, non. Je ne peux pas. Je ne peux pas. »

Avez-vous déjà rencontré quelqu'un qui vous a déjà rendu service et qui, quand vous avez voulu lui donner quelques sous, juste pour compenser une partie des coûts élevés encourus, ne voulait pas prendre l'argent ? Qu'est-ce que c'est, d'après vous ? Cette personne est heureuse de recevoir vos remerciements, mais n'accepte pas votre argent parce que, d'une certaine façon, l'échange d'argent pour le bon service qu'elle vous a rendu dénigre l'échange. Voyez-vous, ça la place à un niveau qui commence à paraître dégoûtant à ses yeux.

D'ailleurs, ce niveau ne me semblerait jamais ainsi. Alors, si quelqu'un veut me donner de l'argent pour avoir fait quelque chose de bien, qu'il me le dise. Je prendrai tout l'argent qu'il y a dans la salle. C'est difficile à dire, parfois, car les gens se plaisent à penser : « Oh, Neale est un gars vraiment spirituel. Il ne devrait pas dire des choses pareilles. » Mais je vais le faire.

J'ai connu un certain révérend Ike qui disait : « *J'aime* l'argent et l'argent *m'aime.* » C'est un message magnifique. Et je ne déclare pas que, dans mon univers, Dieu est tout sauf l'argent. J'affirme plutôt que Dieu est tout, *y compris l'argent* ; que l'argent n'est qu'une forme de l'énergie appelée Dieu.

Je ne sais pas si vous avez lu les journaux dernièrement, mais l'autre jour, il y avait un article énorme, dans l'un des grands quotidiens américains, à propos de la Chine rouge. Il s'y passe maintenant un incroyable changement de conscience, et on parle aux gens des vertus et de la gloire du fait de gagner et d'avoir de l'argent. Pouvez-vous imaginer ? Dans la Chine rouge, qui, d'ailleurs, est l'un des vingt-sept pays où l'on a traduit les livres *Conversations avec Dieu.* Figurez-vous : nous avons découvert, il y a quelques mois, que les droits de traduction ont été achetés en République populaire de Chine !

Voyez-vous, le monde change du jour au lendemain dans tous les coins. Alors, si les paysans de la Chine rouge commencent à présent à développer de la clarté à propos du fait qu'il est correct et glorieux d'avoir de l'argent, ne croyez-vous pas que c'est à nous aussi de le faire ? Il faut à tout prix nous dégager de l'idée que l'argent est, en quelque sorte, mauvais.

Vous savez, nous employons l'expression « sale pognon » et disons de quelqu'un qu'il est « pourri de fric ». Nous utilisons des expressions qui trahissent notre pensée là-dessus, ou du moins la pensée de la société dans son ensemble. Et je peux vous assurer que la société entretient encore très profondément cette pensée. L'une des questions que me posent le plus souvent les gens en général, les participants à mes conférences et, inévitablement, les journalistes qui m'interviewent pour l'un des principaux médias est celle-ci : « Qu'est-ce que ça vous fait d'effectuer la tournée du pays en parlant de spiritualité tout en ramassant autant d'argent ? » Comme si, d'une certaine façon, je faisais quelque chose de mal. Comme si, ce devait être un avertissement au public... un gros avertissement. « Voyez, regardez... regardez combien d'argent il fait avec ça. »

De temps en temps, quelqu'un m'écrit : « Si vous êtes vraiment spirituel, pourquoi ne donnez-vous pas tous vos droits d'auteur aux pauvres ? Pourquoi, d'ailleurs, ne transposez-vous pas CAD sur Internet pour permettre aux gens d'y avoir accès gratuitement ? » La raison, c'est que si nous le faisions, les éditeurs seraient en faillite et ce livre n'aurait jamais été produit au départ.

Quelqu'un doit faire le premier pas appelé « publier un livre », sous une forme quelconque. Même mettre quelque chose sur Internet coûte de l'argent. Je le sais, car je connais des gens qui le font et qui exigent beaucoup d'argent. Alors, pour cette raison, ce que nous remarquons, c'est que l'argent n'est que le lubrifiant qui fait fonctionner la machinerie de la vie en ce moment sur notre planète, compte tenu de la façon dont la société est présentement construite. Et c'est correct. Voyez-vous ?

Je refuse donc de me rallier à ce camp selon lequel on doit donner ses livres si on est une personne vraiment spirituelle. Qu'il faut distribuer nos droits d'auteur aux pauvres et ne rien garder pour soi. D'ailleurs, à titre d'information, Nancy et moi, et la fondation que nous avons créée, donnons une somme considérable, chaque année, à de nombreuses causes valables. Mais c'est sans importance. C'est seulement la vérité.

Mais, vous savez, j'adore aussi gagner beaucoup d'argent. Car ça me permet d'accomplir un tas de choses, et je sais exactement ce que je veux faire dans le monde. Je sais très clairement quels changements je veux provoquer. Et comme je l'ai dit, dans notre société, il faut ce lubrifiant pour les faire se réaliser.

Je crois que nous devons oublier tout ce que nous avons appris sur l'argent. Je crois vraiment que nous devons faire table rase. Même ceux d'entre nous qui ont eu la grâce d'avoir un peu d'argent dans leur vie ont parfois de la difficulté à affronter cela – tout en

étant à l'aise. Car presque tous les messages reçus ayant trait à
l'argent ont une connotation de méchanceté, de banditisme. Par
extension, ceux qui en ont deviennent des méchants dans la vie, en
dépit du fait que les gens ne le sont pas, même ceux qui ont
beaucoup d'argent. Nous conservons cette mentalité : l'argent est
la racine de tout le mal. Il y a quelque chose de sale
là-dedans – quelque chose de malpropre. Comme si ceux qui en ont
un peu l'avaient acquis sans le mériter ou que ce n'était ni juste ni
correct. Dès lors, un mythe gigantesque existe à propos de l'argent
dans les sociétés humaines selon lequel l'argent n'est pas vraiment
bien – mais c'est bizarre, car tout le monde en veut. Ainsi, cela met
chacun en position de vouloir quelque chose de mauvais.

C'est un peu comme pour le sexe. En fait, c'est pareil. Je ne
connais pas beaucoup de gens qui ne veulent pas autant de sexe
qu'ils peuvent en avoir, du bon, en tout cas. Mais c'est une chose
très incorrecte dans la plus grande partie de notre société. Écoutez,
je ne blague vraiment pas, je suis plutôt sérieux : ce n'est pas
correct, dans notre société, de vouloir beaucoup de sexe. Et si vous
allez quelque part et que vous en demandez, les gens s'imaginent
que, d'une certaine façon, vous êtes malade ou que vous n'êtes pas
bien. Même chose pour l'argent – c'est encore pire.

Vous savez, si vous marchez dans la rue en interrogeant les
gens sur leur vie sexuelle, ils vous en parleront volontiers. Mais
demandez-leur combien ils détiennent dans leur compte en banque.
Leur visage se tordra. « Vous voulez savoir *quoi* ? Ce que j'ai dans
mon compte en banque ? Je vous demande pardon, mais c'est très
personnel. » Avec qui vous avez couché la nuit dernière n'est pas
d'ordre personnel – oh, un peu, disons – mais ça, ça l'est *vraiment*.
On parle d'argent. Alors, les gens ont une charge encore plus
négative à propos de l'argent qu'en ce qui touche leur propre
sexualité. Intéressant, non ? Cela a quelque chose à voir avec
l'ensemble des messages que nous avons reçus, toute notre vie, sur
l'argent – et les neuf dixièmes étaient très, très négatifs.

Comment, alors, se lier d'amitié avec l'argent ? D'abord, il faut
oublier tout ce qu'on nous en a dit. Ensuite, il faut remplacer ça par
un nouveau message : il n'y a rien dans l'univers qui ne soit Dieu.
Et Dieu, ou l'énergie qui est Dieu, se trouve en tout, y compris dans

l'argent. Ce n'est pas que Dieu soit partout sauf dans votre portefeuille. En fait, il est *vraiment* partout.

Nous devons comprendre que l'argent n'est qu'une autre forme de l'énergie de la vie, et une forme très, très puissante, non pas en soi, mais parce que nous lui avons attribué du pouvoir. Nous, en tant que société sur cette planète, avons dit : « Nous accordons à ce médium d'échange en particulier un pouvoir énorme dans notre vie. » Et ça devrait vraiment le rendre tout à fait correct. Nous lui avons donné notre bénédiction. Nous avons dit que nous octroyons plus de valeur à ceci qu'à cela. Nous accordons de la valeur à l'or, par exemple, plus qu'à la boue, à moins que cette boue ne se trouve en un endroit particulier qui peut se changer en or très rapidement – appelé propriété foncière. Nous avons béni quelque chose, mais en même temps, voyez-vous, nous l'avons condamné. Voilà une contradiction intéressante, tout comme nous l'avons fait pour le sexe. Nous bénissons l'acte d'amour humain qui se manifeste dans un échange sexuel mais, en même temps, nous le condamnons. C'est extraordinaire. Tout ce comportement provient d'un mythe culturel encore plus grand. Et le mythe culturel plus grand que bien des religions nous ont donné, je suis désolé de le dire, c'est : « Tu n'auras aucun plaisir. » Et puisque le sexe et l'argent constituent deux façons d'avoir du plaisir, nous en avons fait deux choses mauvaises – terriblement mauvaises – et créé une énorme dysfonction sur la planète et dans notre vie privée.

Comment nous lier d'amitié avec l'argent ? Imaginez que l'argent soit un cadeau de vous à l'univers, pour que vous fassiez tout le bien pour vous-même et pour les autres que vous avez jamais voulu faire. Alors, nous avons un autre obstacle à franchir. « Oh mon Dieu, si j'ai beaucoup d'argent, je peux vraiment faire de bonnes choses pour moi-même. Je peux vraiment aller acheter un complet très cher, ou des chaussures italiennes à 550 $US. » Oserai-je même dire que je porte en ce moment des chaussures italiennes d'un tel prix ? Savez-vous combien de temps il m'a fallu pour me sentir à l'aise avec le fait de porter une paire de chaussures italiennes d'une telle valeur ? Je veux dire : ce ne sont pas les chaussures ; c'est ce qu'elles représentent dans ma vie. Non pas que j'ai assez d'argent pour me les offrir, mais que j'ai l'esprit assez large pour être à l'aise par rapport à cela. Comprenez-vous le pas immense ?

Je veux partager ce qui m'a permis d'effectuer ce pas. C'est plus qu'une simple question de semelle... il s'agit de l'âme[3] – celle de chacun de nous – afin que *chacun* puisse, en définitive, porter ces chaussures. Au propre comme au figuré, chacun peut porter les mêmes chaussures... lorsqu'il apprend cette leçon : il n'y a aucun aspect de la vie qui ne soit un aspect de Dieu. Il n'y a aucun aspect de l'énergie de la vie qui ne soit saint et sacré. Rien n'est mal, sinon le fait d'y voir le mal. Cessons de voir le mal dans l'argent. Cessons de voir le mal dans le sexe et, surtout, de voir le mal les uns chez les autres.

Que faisons-nous ici ? Et pourquoi le faisons-nous ? Pourquoi insistons-nous pour voir le mal et la négativité dans chaque aspect de notre vie ? Qu'est-ce que tout cela ? Voilà la question centrale. Et en tant qu'êtres humains, nous sommes maintenant à un point de mire. Le moment est crucial – nous sommes devant la question la plus importante, qui n'a absolument rien à voir avec l'argent, mais tout à voir avec la vie même.

Considérons-nous la vie, et tous ses éléments, comme essentiellement mauvaise ou essentiellement bonne ? Voilà la question. Si nous la considérons comme fondamentalement bonne, nous allons résoudre nos problèmes d'argent et nous nous lierons d'amitié avec lui. Puis, nous allons réaliser de bonnes choses avec cet argent, de bonnes choses pour nous-mêmes, car nous le méritons. Je mérite ces chaussures. Vous aussi. Puis, nous entreprendrons de bonnes choses pour d'autres. Nous partagerons cette abondance qui est nôtre, et cette abondance qui nous est donnée par Dieu, avec tous ceux dont nous rejoignons la vie. Et personne ne sera privé de quoi que ce soit. Il y en a assez pour nous tous. Et lorsque nous effectuerons ce choix, nous serons liés d'amitié avec l'argent, avec nous-mêmes, avec tous les autres et avec Dieu.

Alors, nous devons nous décontracter par rapport à l'argent, tout comme nous devons nous détendre, devrais-je ajouter, par rapport à notre corps et les uns par rapport aux autres. Nous devons

---

3. *Sole* = semelle ; *soul* = âme. (NDT)

apprendre à relaxer devant les choses de la vie, afin de pouvoir dire à la vie : « Apporte-moi tout ce qu'est la vie, et je t'apporterai tout ce dont je fais partie » et de n'avoir honte d'aucun de ses aspects. Car Dieu ne connaît pas la honte.

Voici donc votre chance de laisser tomber des idées comme : l'argent n'est pas correct, ou l'argent est mauvais. C'est ce qui fait que les gens mènent une vie de désespoir tranquille. Comme ils croient que l'argent est mauvais et qu'ils ne voudraient rien recevoir de mauvais en échange d'une bonne action, ils finissent par garder un emploi qu'ils détestent, le justifiant en disant qu'il leur rapporte de l'argent. Alors, ils passent huit heures par jour à s'acquitter de ce travail qu'ils détestent, puis ils font ce qu'ils aiment en tant que bénévoles, en offrant des heures à l'hôpital, ou en dirigeant leur troupe de boy-scouts, peu importe. Alors, ils font ce qu'ils aiment gratuitement et font ce qu'ils détestent parce que ça leur permet d'accepter de l'argent. Après tout, qui ferait ça sans être rémunéré ?

Mais tout change lorsque vous prenez la décision d'être courageux et choisissez de vivre plutôt que de gagner votre vie. Et c'est là que toute votre expérience se transforme. Vous provoquez un changement incroyable lorsque vous modifiez l'idée que vous vous faites de votre raison d'être ; quand vous décidez, en fait, de vivre plutôt que de gagner votre vie. Et ce changement est si énorme que tout devient autre dans votre expérience, y compris celle de l'argent. Et ne vous y trompez pas, c'est possible. Je vous dis que le changement peut survenir. Maintenant, nous avons une question...

Je vis un conflit concernant l'argent... Je l'apprécie, j'en profite, et j'avais l'habitude de sentir que je devrais faire des choses que je n'aurais pas faites pour de l'argent. Maintenant, je vois que ce n'est pas un problème. Mais il me reste à régler ce conflit : j'ai l'impression que si j'ai beaucoup d'argent, je ferai alors partie d'un programme ou d'un système qui exclut la plupart des gens. Ce serait beaucoup plus acceptable pour moi si je savais que chacun, dans le monde, a de la nourriture, que chacun a accès à des soins médicaux, que chacun a un logement et des vêtements. Alors, l'argent serait tout simplement une façon de jouer avec plus de choses « inutiles »...

Je reçois chacune de vos paroles. Mais prenez garde d'utiliser votre attitude vertueuse par rapport à l'argent pour vous priver de cet instrument de pouvoir qui pourrait faire arriver ces choses *par votre intermédiaire*. Prenez bien garde de recourir à la vertu pour *vous enlever le pouvoir* d'être parmi ceux qui peuvent vraiment *faire arriver cela*.

Ma vie est consacrée à la création d'un monde qui sera exactement celui que vous venez de décrire. Mais je suis beaucoup plus efficace maintenant qu'à l'époque où je niais le pouvoir même qui me permettait de créer ce genre de changements.

L'un des plus grands pièges de l'expérience humaine est la vertu. On a parfois l'impression d'avoir, appelons-le « le droit à la vertu ». Autrement dit, on a vraiment l'impression de distinguer le bon et le mauvais dans une situation donnée. Et dans le cadre de ce système de pensée relatif, nous pourrons, en fait, avoir tout à fait raison. Mais c'est là un espace très dangereux. Car la vertu peut empêcher une action efficace plus rapidement que presque tout autre genre d'attitude ou d'expérience. Elle vous empêche d'être compréhensif, voyez-vous.

Quand je crois avoir raison à propos de quelque chose, je ne comprends absolument pas comment on pourrait avoir un point de vue différent du mien, ni comment on pourrait laisser se poursuivre un état de choses. Je perds toute compassion pour les gens qui ont créé ce qui provoque mon attitude vertueuse. Et ainsi, je perds ma capacité d'apporter tout changement positif vraiment efficace. Car personne n'aime avoir tort.

Il est surtout risqué, je crois, d'invoquer la vertu à propos de tout le mal qui est fait dans le monde. Car avoir une attitude terriblement vertueuse à propos du mal dans le monde, c'est proclamer avec énormité que nous ne comprenons pas pourquoi nous l'avons mis là.

Permettez-moi de vous donner un exemple. À quoi servirait à un grand chirurgien, ou à un grand médecin, son attitude vertueuse à propos de toutes les maladies du monde ? À quoi servirait à un merveilleux avocat ou à un procureur son attitude vertueuse à propos de tous les conflits du monde ? Je veux dire : il veut peut-être changer le conflit et le réduire, mais le fait d'invoquer la vertu à cet égard, de blâmer le grand nombre de conflits, serait en contradiction flagrante avec ce qu'il est lui-même en train de créer dans sa propre réalité, afin de faire l'expérience de sa nature véritable.

Voyez-vous, ce que nous faisons, en tant qu'êtres humains, c'est redresser les quilles, puis les abattre. C'est créer l'ensemble de circonstances exact, bon et parfait (je parle maintenant du point de vue métaphysique) qui nous permettra d'exprimer une part de nous-mêmes annonçant et déclarant notre véritable nature. Si ma vraie nature est celle d'un guérisseur, je créerai, métaphysiquement, l'ensemble parfait de circonstances qui me permettra d'exprimer « celui qui guérit ». Par conséquent, j'apporterai la maladie dans mon expérience, et même, à un certain niveau, la *créerai* dans ma réalité extérieure. Je ferai le contraire de ce que je suis, afin de pouvoir exprimer qui je suis et d'en faire l'expérience.

La pire chose qui pourrait arriver aux prêtres du monde entier, ce serait que chaque personne se réforme demain. Ils n'auraient rien à redire à qui que ce soit. Les ministres, les ecclésiastiques, les hommes et les femmes passent leur vie, sur un plan métaphysique profond, à créer cette guérison spirituelle afin de pouvoir exprimer leur propre nature et d'en faire l'expérience. Voilà pourquoi les maîtres véritables ne jugent ni ne désapprouvent. Ils passent leur temps à changer les circonstances extérieures de leur monde sans le condamner. Car condamner, c'est bannir le processus même par lequel on leur a permis d'exprimer une part d'eux-mêmes qui annonce et déclare la gloire de qui ils sont. C'est un profond mystère métaphysique, mais les maîtres le comprennent parfaitement.

Encore là, je le répète, voilà pourquoi les maîtres ne condamnent ni ne jugent *jamais* rien, mais cherchent tout simplement à exprimer une part d'eux-mêmes qui permette aux circonstances extérieures de bouger et de changer. Sur le plan pratique, du seul point de vue de la politique terre à terre et de l'interaction sociale réelle, la vertu ne sert jamais personne.

L'un des personnages publics les plus extraordinaires de notre époque, c'est, selon moi, Jimmy Carter. Cet homme s'est engagé dans des situations politiques très explosives sans avoir une attitude vertueuse. Par conséquent, il a amélioré un grand nombre de ces circonstances comme n'auraient jamais pu le faire des gens qui auraient traité ces circonstances avec une attitude vertueuse.

Et une attitude vertueuse ou coléreuse devant l'état du monde constitue, en quelque sorte, une obstruction majeure...

Il n'y a pas de doute là-dessus. Chaque fois que vous adoptez une attitude de vertu ou de jugement, vous vous empêchez d'exprimer l'idée la plus grandiose. Car personne ne vous entend, de toute façon. Lorsque vous parlez à partir de la vertu ou du jugement, personne ne vous entend. Non seulement vous écartez le *pouvoir* qui vous permettrait de créer, mais vous écartez aussi les gens qui pourraient même vous *conférer* ce pouvoir. Car personne n'apprécie la vertu, *pas même ceux que vous essayez d'aider.*

Vous avez également dit une autre chose intéressante, à savoir qu'aux époques antérieures où vous réfléchissiez à ces questions, vous vous surpreniez parfois à faire quelque chose que vous n'aimiez pas, ou croyiez devoir faire des choses que vous ne vouliez pas faire, afin de ne pas vous « trahir ». Mais personne ne fait rien contre son gré. Soyons très clairs là-dessus. Personne ne fait rien de façon involontaire – jamais. Nous faisons seulement ce que nous voulons, en fonction des résultats que nous anticipons. Par la suite, nous faisons semblant qu'il n'y avait absolument pas moyen de faire autrement, et nous nous convainquons de nous sentir mal quant aux choix effectués. Voyez-vous ?

Personne ne fait rien qu'il ne veuille faire. Personne. Quelqu'un dans la salle peut-il songer à une époque où il ne faisait rien du tout qu'il ne voulait faire ? Qui veut lever la main, maintenant ? Je suis sérieux. Levez la main si vous croyez qu'à une époque de votre vie, vous avez fait quelque chose contre votre gré. OK, allons ici...

Je ne pense pas que ce soit parce que nous ne voulons pas faire telle chose. Mais ce que j'entends autour de moi – et c'est dans les livres que j'ai appris à ne pas le dire –, ce sont des gens qui affirment : « Je n'ai pas le choix. » Les gens pensent qu'ils n'ont pas le choix, comme je l'ai cru longtemps, parce que je ne voyais pas, à ce moment de ma vie, d'autre choix. Mais quand je lis le texte, je comprends, comme vous le dites, que nous ne faisons rien sans que ce soit par choix. Je fais maintenant le choix conscient de faire et de choisir de faire, et je me dis même à haute voix : « Je choisis de le faire. » Maintenant, je le choisis d'abord, puis je le fais. Et quand j'entends : « Je n'ai pas le choix », j'ai toujours envie d'intervenir en disant : « Vous savez, vous avez fait ce choix. » Mais je pense que dans notre société, ce n'est vraiment pas acceptable. C'est comme le fait d'avoir de l'argent ou d'avancer : « Je ne peux pas faire mes choix. C'est trop bon. Je ne sais pas si je mérite ça... » Autrement dit, il y a plus de gens qui déclarent « Je n'ai pas le choix » que de gens qui reconnaissent « Je choisis de faire ça ». Il m'a fallu beaucoup d'efforts moi-même pour changer ça.

Il n'y a pas eu un seul moment de votre vie où vous n'aviez pas le choix, jamais. En fait, vous avez créé les circonstances de votre vie, y compris cet espace que vous appelez « je n'ai pas le choix », précisément pour vous donner une expérience des choix que vous aviez. Vous avez vraiment créé cet obstacle apparent pour vous faire remarquer qu'il n'y avait aucun obstacle au départ. Certains l'ont observé, contrairement à la plupart des gens qui vivront le reste de leur vie en imaginant qu'ils n'ont pas le choix.

« Je n'avais pas le choix », c'est la justification la plus souvent utilisée pour faire ce que nous voulions. Nous continuons à faire ce que nous voulons afin d'*éviter* ou de *créer* un résultat précis, ce qui est en fait une seule et même chose.

Alors, nous faisons ce que nous voulons, étant donné les circonstances devant nous, pour éviter ou créer tel résultat. Et ensuite, nous disons : « Je n'avais pas le choix. » Mais vous *avez* le choix. Et chaque choix que vous effectuez, chaque décision que vous prenez, chaque pensée que vous avez, chaque mot que vous prononcez, est une annonce et une déclaration de qui vous croyez être et de qui vous choisissez d'être. Tout acte est un acte d'autodéfinition. Et vous avez toujours le choix. Mais rappelez-vous ceci : personne ne fait jamais rien d'inconvenant, compte tenu de son modèle du monde.

Alors, non seulement avez-vous toujours le choix, mais êtes-vous toujours en train de faire un choix, et vous faites toujours le choix qui, selon vous, produira ou évitera le mieux un résultat donné. Ce que vous cherchez, c'est le résultat qui vous aidera à définir Qui Vous Êtes Vraiment. C'est ce que vous êtes en train de faire. Alors, vous ne l'énoncez peut-être pas de cette façon, mais je vous assure que c'est ce que l'âme humaine est en train de faire. Et lorsque vous commencez à le voir ainsi, à le cadrer ainsi, vous voyez la vie d'une tout autre façon et l'imaginez comme une grandiose aventure, car, soudain, elle devient une extraordinaire aventure d'autocréation.

Certaines personnes se sentent victimes en ce qui concerne l'argent. Elles ne saisissent pas ou ne comprennent pas vraiment qu'elles ont toujours le choix dans leur vie à propos de tout, et surtout de l'argent. Certaines ont l'impression d'être à la merci des vents de la chance, pour utiliser une expression peut-être bien choisie. Ou des vents de la malchance, comme ce peut être le cas. Et elles ne voient vraiment aucun rapport entre leur situation financière dans la vie et leur conscience... leur niveau de conscience. Elles ne font pas de lien entre ce qui leur arrive financièrement et la façon dont elles le créent... et pourtant, je vous le rappelle, nous créons tout dans notre vie.

Ainsi, des gens diront : « Tu ne comprends pas, Neale, tu sais que je n'ai pas eu les mêmes chances que d'autres. » Ils ont été désavantagés, ou n'ont pas les capacités, ou peu importe ce qu'ils imaginent faire obstacle entre eux et l'argent. Je leur répondrai un certain nombre de choses. D'abord, que l'argent ne vous arrive pas grâce à ce que vous faites. Si vous croyez cela, alors, bien sûr, vous aurez tous ces alibis du faire : « Je n'ai pas fait d'études universitaires » ou « J'étais désavantagé au départ », ou « Je n'ai pas eu les mêmes chances que toi » – parce que vous allez imaginer que l'argent provient de ce que vous faites, plutôt que de ce que vous êtes.

L'être, c'est ce que tout le monde a, peu importe son éducation, sa position dans la vie, son bagage ethnique ou culturel, son statut social. Tout le monde peut être affectueux et extraordinaire ; tout le monde peut être généreux, compatissant et amical. Tout le monde peut être toutes les choses pour lesquelles nous donnons beaucoup d'argent à des gens pour qu'ils le soient, peu importe ce qu'ils font. Voyez-vous, ça n'a pas vraiment d'importance. Les avocats, les médecins, les prêtres, les livreurs de journaux qui font le plus d'argent sont ceux qui arrivent avec un énorme sourire au visage, un immense cœur ouvert à tous ceux dont ils rejoignent la vie. Ce sont les livreurs qui se promènent en récoltant des pourboires immenses auprès des gens auxquels ils fournissent les journaux, et tous les autres livreurs se demandent comment ils font. « Oh, tu vois, tu as un meilleur vélo », ou « Tu es d'une meilleure famille », ou « Tu habites un meilleur quartier » ou « Tu as une meilleure clientèle ».

Personne dans la vie n'a de meilleure clientèle. Tout ce que nous avons à faire, c'est de partager les uns avec les autres un niveau d'être que les autres reconnaissent comme une chose par laquelle ils veulent être touchés, tout le temps. Et si nous voulons faire cela, peu importe ce qu'est notre « faire » dans la vie. Nous pouvons être plombiers, livreurs de journaux, nettoyeurs de rues ou présidents de compagnie. Mais tout le bien de la vie nous viendra lorsque nous voudrons ouvrir notre cœur et partager, à partir d'un profond niveau de l'être, le trésor qui réside en nous et qui s'appelle l'amour ou, en gros, l'amitié. Vous savez, un sourire vous achètera plus de bonne volonté que vous pourrez jamais l'imaginer.

Alors, je veux dire aux gens qui se croient victimes de leur propre situation financière : observez ceux qui ont réussi dans la vie. Prenez n'importe quel échantillon de gens qui sont devenus très très riches – n'importe quelle centaine de millionnaires – et vous découvrirez un échantillon extraordinaire. Oui, vous verrez certaines gens qui ont eu tous les avantages, toutes les occasions culturelles et sociales, mais vous en verrez aussi plusieurs qui n'en ont pas eu. Et regardez ceux qui, au départ, n'ont pas eu davantage que ce que vous avez maintenant, et demandez-leur comment ils sont passés de là où vous êtes à là où vous voulez arriver. Quelle est la différence entre vous ? Et s'ils savent bien s'exprimer, ils vous l'expliqueront : « J'ai voulu être là, *ta-daaa* ! J'ai voulu donner tout ce que j'avais en moi. Peu importe quoi. »

Parlez-en à Barbra Streisand. Un jour, bavardez tout simplement avec elle. Demandez-lui de vous parler de son bagage culturel et ethnique, de ses désavantages et avantages. Puis, demandez-lui comment elle est arrivée à cette position. Certains parlent de culot. D'autres, de magie. Certains parlent d'une certaine joie de vivre. Mais cela revient en définitive à une volonté de seulement *être dans l'espace* en tant que le merveilleux « vous » que vous êtes, peu importe votre passé. Faites cela, et vous serez heureux dans la vie. D'ailleurs, vous serez heureux dans la vie, *que vous ayez ou non beaucoup d'argent.*

Neale, je me demande si vous pourriez nous préciser pourquoi tant d'adeptes de la spiritualité ou de travailleurs de la lumière semblent rencontrer des difficultés financières ? Certains d'entre nous avons abandonné nos emplois dans des compagnies et sommes en quelque sorte appelés à élaborer une façon de gagner notre vie. Mais la question qui se pose, c'est : Peut-on traverser l'épreuve financière ? Pourquoi tant d'entre nous ont-ils ce problème ?

Parce que dès que vous déclarez être quoi que ce soit, tout ce qui n'est pas cela viendra dans l'espace. Retenez cela. J'insiste là-dessus. Et il faut que cela soit ainsi. C'est la loi de l'univers.

« Pour quelle raison ? » demandez-vous. Parce que c'est ainsi que l'univers fonctionne. Et voici pourquoi :

Faute de ce que vous n'êtes pas, ce que vous êtes n'est pas.

Avez-vous saisi ? Vous secouez la tête, ma chère, en vous disant : « Qu'est-ce que ce gars est en train de me dire ? » J'ai dit : « Faute de ce que vous n'êtes pas, ce que vous êtes n'est pas. » Laissez-moi vous donner un exemple. Êtes-vous grosse, grande et grasse ? Non. Comment savez-vous que vous n'êtes ni grosse, ni grande, ni grasse ?

Comparée à d'autres gens, je suis plutôt moyenne.

Alors, si les gros, les grands et les gras n'existaient pas, sauriez-vous que vous ne l'êtes pas ? Supposons que tout le monde vous ressemble. Mon Dieu, ne serait-ce pas merveilleux ? Oh, en fait, vous avez l'air merveilleuse telle que vous êtes. Juste une petite blague, je n'ai pas pu résister. Mais comment vous appelez-vous ?

Karen.

Karen. Supposons, pour les fins de cette discussion, que tout le monde vous ressemble exactement. Comment sauriez-vous de quoi vous avez l'air ? Comment sauriez-vous de quelle manière vous décrire ? Comment seriez-vous capable de dire : « Je suis celle qui a de longs cheveux noirs... Oh, je vois que *tout le monde* a de longs cheveux noirs. D'accord, je suis celle qui est relativement mince, et un peu courte. Eh bien, en fait, *tout le monde* est court et un peu... » Comment pourriez-vous même savoir qui vous êtes ? Vous ne le sauriez pas, n'est-ce pas ? Pas dans cette existence relative.

Pas de l'extérieur.

Non, pas de l'extérieur. Et si tout le monde était identique à l'intérieur, vous ne vous connaîtriez même pas de l'intérieur. Parce que vous seriez tous pareils. Non ? Par conséquent, je vous promets que si vous voulez avoir une expérience directe de qui vous êtes et de ce que vous êtes, vous attirerez vers vous, comme un aimant, tout ce que vous n'êtes pas. Car sans ce que vous n'êtes pas, ce que vous êtes n'est pas. Vous pigez ? Bingo.

Alors, le secret, une fois que vous savez cela, c'est de ne pas y résister. Car ce à quoi vous résistez persiste. Et ce que vous regardez disparaît. Ce que vous soutenez et embrassez, vous le faites vôtre. Ce que vous faites vôtre ne vous résiste plus.

Neale, il y a tellement de gens sur cette planète qui sont terrifiés à l'idée de quitter leur emploi par peur de perdre leur moyen de gagner leur vie – toute la sécurité qu'ils ont toujours connue. Qu'avez-vous à leur dire ?

Certaines gens sont *vraiment* terrifiés à l'idée de quitter leur emploi dans de grandes entreprises. Ils sont enfermés dans la prison qu'ils ont eux-mêmes créée, car ils ont cette idée que s'ils quittent ce cadre commercial, ou cette position qu'ils ont obtenue après tant d'efforts, tout sera perdu. Mais tout est déjà perdu, car si ce n'était pas le cas, ils ne voudraient pas partir. Alors, la question clé n'est pas ce que vous allez perdre si vous vous retirez de cette position, mais ce que vous allez gagner. Et même ce qui vous fait songer à partir. Voilà la question clé.

Lorsqu'on examine pourquoi ces gens songent même à partir, il doit y avoir quelque chose qui ne va pas là où ils sont maintenant. Qu'est-ce qui manque ? Il faut remplir les blancs.

Alors ce que je dirais à ceux qui se trouvent dans cet espace de dilemme, c'est ce que j'ai souvent dit à d'autres : vous avez besoin de vivre plutôt que de gagner votre vie. Vous seriez peut-être beaucoup plus heureux à gagner le tiers de votre revenu, mais à partir d'un espace d'être qui apporte de la joie à votre âme.

Voyez-vous, c'est la question clé pour tout le monde : quand arrivons-nous à apporter de la joie à notre âme ? Alors, si ce que vous faites pour gagner votre vie apporte de la joie à votre âme, comme c'est merveilleux pour vous ! Mais je dois ajouter qu'une très petite minorité de gens sur cette planète connaissent cela. La plupart des gens mènent une vie de désespoir tranquille, à faire ce qu'ils croient *devoir* faire pour survivre.

Ma vie m'a enseigné que nous n'avons rien à faire afin de survivre. J'ai toujours oublié toute prudence et choisi ce qui apportait la plus grande joie à mon âme. Voilà pourquoi certains de mes amis et associés, des membres de ma famille et d'autres personnes m'ont parfois traité d'irresponsable. Mais à qui est-ce que je dois ce grand sens de la responsabilité, sinon à moi-même ?

Alors, j'ai très longtemps refusé de rester malheureux dans le cadre d'une occupation ou d'une activité simplement parce que je croyais devoir l'assumer pour maintenir un niveau de vie. Et je ferais encore la même chose si ce que je fais maintenant ne me rendait pas très heureux. Même si je me permettais de m'imaginer responsable du bonheur des autres, comment pourrais-je les rendre heureux si mes tentatives me rendent désespérément malheureux ?

Aux gens qui se sentent pris au piège, je suggère ce petit test. Sur une feuille de papier, décrivez le piège dans lequel vous vous trouvez. « J'ai un travail que je n'aime pas vraiment, mais si je le quittais, je ne pourrais pas faire autant d'argent que maintenant et je ne pourrais pas acquérir autant de choses pour moi et pour les gens qui dépendent de moi. » D'accord ? C'est un piège. Puis, posez-vous la question : « Que se passerait-il si je sortais de ce piège ? » Après avoir examiné cela, demandez-vous enfin : « Que se passerait-il si je le faisais de toute façon ? » Ce que vous allez en fait découvrir, c'est que le monde continuera de tourner sans vous.

Il y a plusieurs années, j'ai appris une grande leçon d'une femme extraordinaire que j'ai personnellement connue. Il s'agit du Dr Elisabeth Kübler-Ross. Un jour, elle et moi roulions ensemble sur la route, et je lui ai parlé d'un projet qui me tentait vraiment, mais que je ne pourrais faire qu'en quittant mon emploi, et lui ai dit que je ne pensais pas pouvoir le faire pour un tas de raisons, notamment que d'autres gens dépendaient de ma présence là où j'étais.

Elisabeth m'a regardé plutôt calmement et, avec son fort accent suisse, m'a dit, en clignant des yeux très lentement : « Che vois, kh'est-ce khe tous ces chens feraient, t'après fous, si fous mouriez demain ? »

J'ai répondu : « Euh, c'est une question injuste, parce que je ne vais probablement pas mourir demain. »

Et elle m'a regardé en ajoutant : « Non, fous êtes en train de mourir maintenant. »

À ce moment-là, j'ai décidé de vivre. De vivre ma vie. Et ça a été la plus grande décision que j'aie jamais prise. Et c'est ce que je dirais à quiconque se sent pris au piège, que ce soit dans un emploi pour une compagnie ou dans n'importe quel espace de la vie. Combien de votre vie êtes-vous prêt à sacrifier ? Et combien de votre vie êtes-vous prêt à récupérer ? Et lorsque vous récupérerez votre vie, combien davantage croyez-vous que vous aurez à donner aux autres ? Pas seulement des objets matériels, mais de la joie et du bonheur qui résident à présent dans votre âme.

C'est pourquoi les maîtres ne résistent jamais au contraire de qui ils sont, mais le voient plutôt comme la plus grandiose des bénédictions. Amenez le contraire, amenez ce que je ne suis pas. Car non seulement j'accueillerai ce que je ne suis pas, mais je me fondrai et en ferai partie à un point tel que cela bénira ce que je suis et l'amènera à avoir une grandiose expression. Voyez-vous ?

Tout l'univers est un champ. Certaines personnes l'appellent un champ morphique. Quant à moi, il s'agit d'un champ d'expérience, d'un champ d'expression. La vie exprimant *la vie même*. C'est un champ constitué d'éléments contrastants, si vous voulez. Et ce n'est que dans ce champ d'éléments contrastants que tout élément particulier peut se connaître et se définir en tant que ce qu'il est vraiment. C'est vrai dans l'univers relatif.

Alors, dans ce qui, m'a-t-on dit, s'appelle, dans notre langage, le royaume de l'absolu, un tel champ de contraste n'est pas nécessaire – d'ailleurs, il n'est pas possible, non plus. Car, par définition, le royaume de l'absolu est absolument ce qu'il est. Comprenez-vous ? Et il n'y a rien d'autre. Et nous l'appelons Dieu. Dans mon langage, dans mes paroles, dans ma forme d'expression, je l'appelle Dieu.

Au commencement, il y avait Tout Ce Qui Est, et Tout Ce Qui Est était tout ce qu'il y avait. Il n'y avait rien d'autre, et c'était très bien ainsi. Mais c'est Tout Ce Qu'il Y Avait. Et il n'y avait rien d'autre.

Pourtant, cela cherchait à se connaître dans sa propre expérience. Ainsi, cela cherchait à l'extérieur de soi, quelque chose d'autre que ce que c'était, afin que cela puisse se connaître dans sa propre expérience. Mais cela ne pouvait rien trouver à l'extérieur de soi et il n'y avait rien d'autre que ce que c'était. Car c'était Tout Ce Qu'il Y Avait, et il n'y avait rien d'autre.

Alors, comment se connaître dans son absolue magnificence ? Ce que nous appelons Dieu chercha à l'extérieur de soi, mais il n'y avait pas d'endroit où chercher à l'extérieur de soi. Par conséquent, cela cherchait à l'intérieur, afin de pouvoir se connaître – d'ailleurs, ce n'est pas une mauvaise idée, si *vous* choisissez de vous connaître. Regardez à l'intérieur, et non à l'extérieur[4]. Car ceux qui

---

4. *To go within* = entrer en soi ; *to go without* = s'en passer. (NDT)

n'arrivent pas à regarder en eux s'en passent.

Alors, Dieu chercha à l'intérieur, et dans l'intérieur de ce qui est Dieu, Dieu vit toute la magnificence que cela cherchait. Et cela implosa littéralement. En d'autres mots, Dieu se retourna comme un gant pour nous et implosa en un millier, en un milliard de parties différentes – allant ici et là, de haut en bas, de gauche à droite. Et soudain, ici et là, le haut et le bas, la gauche et la droite *furent créés*. Rapide et lent, gros et petit furent soudain *créés* dans ce glorieux instant de cette première pensée qui produisit Dieu dans son milliard d'éléments, chacun des éléments fuyant le centre vers quelque chose qu'on appelait maintenant la vitesse et créa ainsi l'illusion que nous appelons le temps. Chacun des éléments pouvait se retourner vers tout le reste et dire : « Oh, mon Dieu, comme tu es merveilleux. »

Et tous les autres éléments de Dieu pouvaient même se retourner vers l'élément individuel, faire cette observation et dire à cet élément individuel exactement la même chose. Seul l'élément individuel ne l'avait pas entendue. L'élément individuel de ce qui est Dieu n'est pas arrivé à entendre le collectif de ce qui est Dieu lui dire : « Oh, mon Dieu, comme tu es merveilleux. » Ainsi, ce qui est le collectif appelé Dieu laisse aux éléments individuels de Dieu le soin de se rappeler mutuellement : « Voyez-vous à quel point vous êtes merveilleux ? Oh, mon Dieu, comme tu es merveilleux. »

Et quand nous n'arrivons pas à nous dire cela mutuellement, à nous transmettre ce message, nous échouons à la mission la plus grandiose entre toutes. Car nous sommes venus ici pour nous connaître. Oui, je ne peux me connaître qu'à travers vous, en définitive, parce que nous ne sommes qu'un dans cette salle.

Mais si vous vous déclariez être l'abondance personnifiée, ce qui attirerait toute la grandiose abondance de l'univers, y compris l'argent, je vous assure que l'une des premières choses qui arriverait, c'est que vous feriez l'expérience de ne pas avoir d'argent du tout. Quelqu'un a-t-il déjà fait cette expérience ? Dès que vous dites : « L'abondance est mienne, dit le Seigneur », il vous semblera, dans votre univers, que l'abondance aura disparu. Et vous vous retrouverez, d'ailleurs, dans des cercles où personne n'a d'argent, jusqu'au moment où ce ne sera plus le cas. Alors tout changera pour vous.

Que dire de la dîme, du fait d'y contribuer pour dix pour cent de son revenu, et que dire des compagnies qui donnent dix pour cent de leurs profits nets ? Est-ce que nous ne pourrions pas faire passer l'économie sur ce terrain ?

Conversations avec Dieu énonce une idée plutôt extraordinaire. Il y est dit qu'un jour viendra, sur cette planète, où nous choisirons l'expression volontaire du partage. Et dans cette expression volontaire, chacun prélèvera dix pour cent de ses revenus pour en faire don. Les grandes sociétés comme les individus contribueront ainsi à un fonds général qui sera ensuite redistribué aux gens dans le besoin et dans les programmes sociaux visant à aider les nécessiteux. Ce jour-là, toutes les taxes disparaîtront de la Terre, tout simplement parce que nous recueillerons de la sorte de plus grandes sommes qu'en taxant les contribuables. Personne n'aura plus jamais l'impression qu'on empiète sur ses droits, et chacun donnera dix pour cent de son revenu, élevé ou bas, qu'il gagne mille dollars par semaine, mille dollars l'heure ou mille dollars par année. Vous donnerez tout simplement ce pourcentage au fonds général. Et il y aura un niveau de revenu au-dessous duquel nous ne demanderons pas aux gens de participer ; si vous ne gagnez qu'un dollar par année, nous ne vous demanderons pas de nous donner dix cents.

Mais ce principe économique est fondé sur une pensée simple : lorsque vous retournez au système entier une portion de ce qui vous échoit, bien sûr, vous améliorez et enrichissez le système même, et il peut ensuite vous revenir davantage. Cette évidence est si claire, qu'il est remarquable que nous n'ayons pas encore compris. Mais quelque chose d'encore plus important se produit quand nous payons la dîme, que ce soit à une église, à une synagogue, dans notre lieu de culte, à des organisations caritatives, ou quand nous mettons de côté pour quelqu'un d'autre, d'une autre manière, une portion, généralement dix pour cent, de ce que nous avons comme revenus.

Ainsi, nous faisons l'énorme affirmation suivante à l'univers :

il en reste encore, là d'où ça vient. Il y en a tellement que je peux littéralement en donner, de façon planifiée, dix pour cent, sans même en manquer. Et cette affirmation que nous faisons à l'univers en est une de satiété, du « fait d'en avoir assez » – et en réalité, elle produit cela dans notre expérience. C'est pourquoi tant de mouvements spirituels disent : versez la dîme, non pas parce que nous voulons avoir votre argent, pas même parce que nous avons besoin de votre argent, mais parce que *vous* avez besoin de faire cette *affirmation de suffisance.* Et ce geste se répercute dans vos cellules et dans l'univers. Vous ordonnez vraiment à l'univers de produire la réponse que ces actions généreraient nécessairement. En somme, la dîme devient un outil avec lequel nous apprenons à l'univers ce qui est vrai pour nous.

Cela mène exactement à ma question suivante : Que deviendra l'économie américaine ? Que pouvez-vous prévoir au XXIe siècle ? Qu'est-ce qui peut changer ? Et qu'en est-il du troc ?

Vous savez, je n'ai pas vraiment de vision personnelle pour le XXIe siècle. Ce que je sais, c'est que demain sera créé par nous tous. Ma mission est d'affecter les gens aujourd'hui, ici et maintenant.

Si j'avais à regarder le XXIe siècle en réponse à votre question, je dirais que ma vision la plus grandiose pour ce siècle est celle-ci : nous venons tous de deux principes – économiquement, spirituellement, politiquement, socialement. Le premier est que nous tous ne faisons qu'un. Imaginez ce qu'entraînerait sur cette planète l'invocation d'un tel principe du point de vue économique... et politique, et spirituel ? Cela produirait un soulèvement, un bouleversement, un changement presque indescriptible. Et ce serait pour le mieux, bien sûr. Les guerres prendraient fin demain. Les désaccords seraient pratiquement impossibles ; certains, source de violence, seraient très difficiles à soutenir contre la pensée que nous ne faisons tous qu'un.

Et j'envisage qu'à un moment donné, au cours de ce nouveau siècle, et espérons-le, le plus tôt possible, nous construirons une réalité économique autour de cette vérité spirituelle fondamentale :

nous ne sommes qu'un. Et c'est possible. Cette réalité économique éliminerait toutes les pensées de propriété. *Conversations avec Dieu* traite un peu de cela. Il y est question d'un avenir au cours duquel personne ne possédera vraiment rien, mais aura tout simplement ce droit d'être le gardien de certaines choses. Vous savez, jadis, nous pensions vraiment disposer non seulement des choses, mais des gens. Les maris croyaient posséder leur femme, et maris et femmes croyaient posséder leurs enfants ; c'était comme ça. Alors, il leur était très facile, à partir de là, de penser qu'ils possédaient la plantation ou la ferme, ou quoi que ce soit.

Mais à l'avenir, il sera tout aussi clair pour notre conscience que nous ne possédons pas plus la terre que nos enfants. Nous sommes maintenant arrivés à un point où il est clair pour nous que nous ne nous possédons pas mutuellement. Les maris ne possèdent pas les épouses, ni inversement. D'ailleurs, nous ne nous en sommes rendu compte qu'au cours des cinquante dernières années – ce qui est récent. Au cours des trente dernières années, probablement, cela nous est enfin apparu clairement. C'est une nouvelle forme de pensée pour la plupart d'entre nous, hommes des cavernes. Et nous sommes passés de cette pensée au fait de libérer notre sentiment de propriété sur nos enfants et de réaliser que nous ne les possédons pas plus que nous ne possédons nos conjoints.

Et maintenant, nous arrivons à une nouvelle forme de pensée : nous ne détenons pas même le territoire sous nos pieds du seul fait d'avoir un titre de propriété, et encore moins le ciel au-dessus de nous. Certaines personnes pensent comme des gouvernements et disent : « C'est notre ciel... jusqu'où va-t-il en hauteur ? »

Vous savez, nous avons eu une énorme confrontation à l'ONU, il y a longtemps, parce que des satellites volaient au-dessus de l'espace territorial d'un pays en particulier, ce qui a mené à débattre de questions extraordinaires à l'ONU : jusqu'où notre ciel monte-t-il ? Qu'est-ce qu'un pays possède au-dessus de son territoire ? Va-t-il jusqu'au bout de l'univers, où s'arrête-t-il ? Nous avons commencé à nous sentir ridicules à ce propos. Ensuite, bien sûr, jusqu'où descend-on en profondeur ? Les minéraux de votre sous-sol sont-ils à vous ? L'Arabie saoudite, sans vouloir offenser un pays plutôt qu'un autre, possède-t-elle vraiment les ressources souterraines, le pétrole ? Et si c'est le cas, jusqu'où peut-on descendre ? Certains diraient sans doute : jusqu'au bout de la terre – en sortant de l'autre côté.

Cela signifie que chacun possède tout, en passant. Parce que si vous possédez vraiment la terre sous vos pieds aussi loin que vous pouvez aller, cela veut dire que vous détenez la terre de l'autre côté de la terre. Alors, je ne veux pas ridiculiser la question ni la réponse, mais l'idée, c'est que tôt ou tard, nous allons évoluer jusqu'à un niveau où nous comprendrons que nous ne possédons rien et que nous sommes de simples gardiens. Et lorsque nous arriverons à cet espace, nous cesserons de dévaster le territoire, de détruire l'environnement et de faire le genre de choses que nous faisons subir à Gaïa, à cette planète, parce que nous croyons en avoir le droit, car après tout, elle nous appartient. « Cette propriété est à moi. J'ai le droit d'en faire ce que je veux. »

Au XXIᵉ siècle, j'envisage une économie où ne sera plus possible le mode de propriété qui nous permet de détruire quelque chose à volonté parce que nous l'avons acheté, en ignorant complètement ses effets sur nous.

Et puis je vois un second niveau à l'économie du XXIᵉ siècle. Un espace où il nous est enfin clair qu'il y en a suffisamment – qu'il y a assez de ce dont nous croyons avoir besoin pour être heureux de le partager enfin.

Il y en a amplement, maintenant, sur la planète, mais des millions de gens ne seraient pas d'accord avec vous. Ils diraient : « Vous savez, Neale, vous pouvez vous asseoir ici et parler de suffisance et de satiété, mais nous sommes en train de mourir de faim. Nous n'avons pas assez de nourriture et d'abris. Nous manquons de vêtements. Nous n'avons pas suffisamment d'argent ni de ces bonnes choses que vous semblez avoir en abondance dans votre vie. »

Eh bien, c'est vrai, ils n'en ont pas assez, mais pas parce qu'il n'y a pas assez de ces choses, mais bien plutôt parce que ceux qui les ont ne veulent pas les partager. Ce n'est un secret pour personne que les neuf dixièmes des ressources mondiales sont détenus par le dixième de la population du monde. Est-ce juste ? Est-ce correct ? Est-ce approprié dans une société qui aime se déclarer et

Pratiques de vie

se décrire comme étant élevée, consciente, hautement évoluée ?

Par quelle manière ou quel moyen, par quel niveau de raisonnement une société d'êtres évolués peut-elle se permettre de justifier qu'un dixième des gens détiennent neuf dixièmes des ressources ? En refusant de les partager équitablement sous le prétexte suivant : « Vous ne comprenez pas, c'est à moi, je l'ai acheté, j'ai travaillé pour ça, et vous ne pouvez pas l'avoir. » Il est remarquable que les neuf dixièmes de la population mondiale qui n'ont pas aisément accès à ces ressources ne se révoltent pas plus qu'ils ne le font et ne provoquent pas plus de dégâts que vous puissiez jamais en imaginer.

C'est remarquable, et les seules raisons pour lesquelles ils ne le font pas en grand nombre, ce sont la bonté du cœur humain et l'ignorance dans laquelle vivent la plupart des gens. Voilà pourquoi il y a une grande hésitation de la part de l'establishment à permettre aux moins fortunés du monde d'être éduqués. Voyez-vous, la connaissance, c'est le pouvoir, et plus les gens en savent, plus ils commencent à voir à quel point notre système de distribution économique et de distribution des ressources est extraordinairement injuste sur cette planète.

Alors j'envisage une économie qui, au XXIe siècle, considère l'évidence de tout cela, en voit peu à peu l'injustice et fait quelque chose à ce propos. Et vous savez ce qu'il y a d'intéressant dans tout cela, si je peux conclure ? Nous *pouvons* y faire quelque chose sans nécessairement en enlever tellement à ceux qui détiennent maintenant les neuf dixièmes des ressources, qu'ils se sentiront démunis. Je ne peux même pas vous dire combien on pourrait m'enlever avant que je me sente démuni.

J'ai vécu dans la rue. J'y ai passé presque un an, à ramasser des canettes dans le parc, à survivre grâce à la consigne de cinq cents touchée sur chacune. Je suis passé par là. Je connais la différence entre ça et ma situation actuelle. Et vous pourriez prendre neuf dixièmes de ce que je possède à présent et me l'enlever sans que je sois encore à ce niveau, ni même proche. C'est combien, « assez » ? Voilà la question qui est posée au dixième de la population mondiale qui détient les neuf dixièmes des ressources. Combien veut dire assez ? Et à quel point les gens ont-ils à souffrir afin que vous sentiez que vous en avez suffisamment ? D'ailleurs, ce n'est pas une question économique. *C'est une question spirituelle.*

J'aimerais poursuivre avec la question de cette personne concernant l'abondance. Le premier tome de Conversations avec Dieu *traite de la notion de manifestation. J'imagine que vous diriez que celle-ci avance de la pensée vers le mot puis vers l'action. Et il était suggéré que si on veut commencer à se manifester, il faut inverser ce processus, c'est-à-dire agir comme si... Je me demande si vous voudriez émettre un commentaire là-dessus, à la suite de cette autre conversation.*

Oui, puisqu'il y a trois niveaux de création – merci. Chacun de nous est un être en trois parties composé d'un corps, d'un esprit et d'une âme – tout comme Dieu est fait d'un corps, d'un esprit et d'une âme. Alors, chacun de nous est une copie individuelle de la triade d'énergies que nous appelons Dieu. Et cette triade, dans notre langage, je l'appelle corps, esprit et âme. Ainsi, chacun de nous a trois centres de création, ou trois outils de création : le corps, l'esprit et l'âme.

Le premier niveau de création est celui-ci: ce que vous pensez produit de l'énergie dans l'univers, et si vous y pensez assez souvent et assez longtemps, cela produira en fait un résultat physique dans votre vie. Quelqu'un en a-t-il déjà fait l'expérience ? Certainement, la plupart d'entre nous. En fait, en 1946, un gars a écrit là-dessus un immense best-seller intitulé *Le pouvoir de la pensée positive.* Cet écrivain du Nouvel Âge était le Dr Norman Vincent Peale.

Notre deuxième niveau de création, ce sont les paroles. Il en sera fait tel que vous le dites. Ainsi, votre parole représente vraiment une forme d'énergie. Vous produisez à coup sûr de l'énergie dans la pièce avec ce que vous dites. Et cette énergie est créative. Si vous affirmez quelque chose assez souvent, assez fort, je vous promets que cela se réalisera. Si au moins deux personnes se mettent à dire la même chose, je vous assure que ça se réalisera. Et lorsque tout un groupe de gens commencent à dire la même chose, ça ne peut pas faire autrement que se réaliser. Cela s'appelle la conscience du groupe, et c'est d'ailleurs pourquoi le monde est tel qu'il est. Parce que nous n'avons pas permis à notre conscience collective de s'élever au niveau de la conscience individuelle de beaucoup d'entre nous. En somme, notre travail consiste à élever la conscience collective.

Il n'y a rien de plus puissant au monde que la conscience collective. Chaque maître, dans chaque tradition du monde, a dit, sous une forme ou sous une autre : « Chaque fois qu'au moins deux d'entre vous se réunissent... » Et c'est vrai. Le monde que nous percevons, et tout ce que nous y voyons, était jadis une pensée. Et la plupart des choses que nous observons sont des conséquences du fait que certaines pensées ont été partagées par plus d'une personne – par bien des gens. Cela s'applique certainement à la plupart de nos institutions, de nos constructions politiques, éducatives, spirituelles et sociales, et de nos constructions économiques. Alors, si nous pouvons transformer la conscience collective, nous pouvons changer le paradigme de toute notre expérience sur cette planète. Voilà pourquoi chacun essaie de le faire. C'est le but des mass media. C'est aussi le but de la politique : changer et essayer de recréer la conscience du groupe.

Il nous faut maintenant voir un changement dans *la façon dont nous tentons de changer* la conscience collective. Nous en avons assez de la politique et de l'impact social sur la conscience du groupe. Que dire d'un peu d'impact spirituel sur cette conscience collective ? Si nous pouvons créer une nouvelle conscience collective à partir de notre propre vérité spirituelle, la vérité la plus élevée qui réside dans l'espace le plus profond en nous, nous changerons littéralement le monde du jour au lendemain. Vraiment !

C'est pourquoi des livres comme *Conversations avec Dieu* ont une telle importance sur cette planète et représentent une telle menace pour certaines parties de l'establishment. Car ils créent une canalisation directe vers la conscience collective, celle du groupe.

La conscience de groupe est-elle importante ? Tu parles ! C'est pourquoi nous devons être très vigilants quant à ce que nous permettons sur nos écrans de télévision, dans nos salles de cinéma et dans les livres que nous achetons. Nous devons choisir prudemment ce à quoi nous exposons notre esprit et ce à quoi nous choisissons d'exposer l'esprit des autres.

Nous devons nous efforcer de créer et de recréer, littéralement, une nouvelle conscience collective et une conscience du Collectif. J'entends par là une conscience collective de notre expérience collective. En vérité, je dis qu'il nous faut maintenant une conscience universelle de notre unité – le fait qu'il y ait en réalité un seul Collectif, et que nous en faisons tous partie. Et personne n'en est exclu, pas plus que personne, au sein de ce Collectif, n'est meilleur qu'un autre. Quelle idée extraordinaire !

Par conséquent, nos actions, bien sûr, représentent le troisième niveau de création – ce que nous faisons avec cette immense collection d'énergie appelée notre corps. C'est à un niveau de création très grossier. Par exemple, je suis en train de remuer de l'air. Vous aussi, par le seul fait de bouger votre main dans l'air produit un mouvement d'énergie très puissant. Vous pouvez littéralement pousser de l'énergie vers une personne.

Quelqu'un est-il déjà allé vous trouver lorsque vous n'alliez pas bien, juste pour rester là en appliquant sa main sur votre tête, sans rien faire d'autre ? Et en cinq minutes – parfois en cinq secondes –, vous pouviez sentir cette chaleur, cette vibration. Et vraiment, parfois, vous dites : « Je ne sais pas ce que tu viens de faire là, mais je me sens drôlement bien. »

Alors, bien sûr, si vous allez encore plus loin... Je vais le faire ici avec cette dame qui se trouve être ma femme. Si vous allez encore plus loin et que vous vous touchez vraiment, des choses incroyablement magiques peuvent se produire. C'est l'énergie... Parce que l'énergie est très grossière et pas très grande, mais très lourde, très très réelle.

Le problème que nous avons dans la vie, c'est que, le plus souvent, les gens pensent une chose, en expriment une deuxième et en font une autre. Ils ne sont pas « organisés », comme disent les jeunes. Ils pensent une chose et en font une autre. Ou ils disent une chose et en pensent une autre. Ou ils ne disent pas ce qu'ils pensent, ou ne font pas ce qu'ils disent. Alors, je sais que ce n'est arrivé à aucun d'entre vous dans cette salle, mais selon mon expérience, j'ai parfois rencontré ce conflit entre les trois centres de ma création. Souvent, je ne veux pas dire aux gens ce que je pense vraiment, car je ne suis pas vraiment fier de ce que je pense. Alors, pourquoi est-ce que je le pense ? Dieu seul le sait.

Ou parfois, comme dernièrement, j'observe mes pensées. Et quand j'en ai une que je ne choisis plus, qui n'est pas vraiment qui je suis, je n'y pense plus. Littéralement. Je m'en débarrasse, tout simplement. Et si vous n'y pensez plus, elle n'a plus aucun pouvoir. C'est le bel aspect de l'énergie, qui est très fluide, très éthérée. Et vous devez continuer à penser à une chose, sans cesse, jusqu'à ce que toute cette pensée la charge d'énergie collective. C'est pourquoi Pogo – ce personnage de la merveilleuse bande dessinée du même nom créée par Walt Kelly a dit : « Nous avons rencontré l'ennemi, et c'est nous. »

Alors, la vie change pour vous lorsque vous commencez à dire ce que vous pensez et à faire ce que vous dites, parce que vous êtes cohérents. Et vous vous mettez à créer à partir des trois centres de création. Puis soudainement, vous manifestez et produisez des résultats extraordinaires dans votre vie en un très court laps de temps.

Quelle était la question ?

Elle concernait le message que j'ai reçu en lisant cette section, à savoir de partir de la pensée, de la parole et de l'action. Et il était suggéré que si on inverse le processus, cela peut affecter la manifestation recherchée. Et je voulais que vous élaboriez là-dessus.

Merci de me ramener au sujet abordé. Il faut faire attention à moi, car je peux m'en éloigner. En fait, je suis presque resté collé à ce sujet. La pensée reste la forme la plus éthérée ou la plus subtile, si je peux m'exprimer ainsi, de cette énergie créative. La parole lui succède et, ensuite, votre action, comme j'ai commencé à le dire, est la façon la plus dense de faire bouger l'énergie. Alors, l'une des manières les plus rapides de créer quelque chose dans votre réalité physique, c'est d'inverser le processus normal par lequel nous créons.

Habituellement, pour créer des choses, il y a d'abord la

pensée. « Je pense que je vais aller à cette fête. » Puis, nous en parlons. Par exemple, « Mathilde, je vais à ta réception ce soir. » Et enfin, nous passons à l'acte. « Me voici, comme je l'ai dit. » C'est généralement ainsi que nous produisons des choses dans notre réalité.

En fait, tout, dans cette pièce, a déjà été une pensée dans l'esprit de quelqu'un. Il n'y a rien qui n'ait déjà été une pensée dans l'esprit de quelqu'un. Mais si vous voulez vraiment jouer un bon tour à l'univers et créer de la magie avec la substance même de la vie, inversez le paradigme pensée-parole-action. Tournez-le sens dessus dessous et commencez par l'action. C'est-à-dire agissez comme si.

Nous avons parlé ici d'abondance durant cette période de partage. Si vous voulez faire l'expérience de l'abondance, *soyez* abondants et agissez dans l'abondance. Par conséquent, s'il ne vous reste plus que cinq dollars, allez à un magasin et faites-les changer en pièces de un dollar. Prenez cinq fois un dollar, marchez dans la rue et donnez-en un à chacune des cinq personnes qui ont encore moins que vous. D'ailleurs, vous les trouverez très facilement. Vous rencontrerez toujours, dans votre expérience, quelqu'un qui en a moins que vous, même si vous pensez en avoir très peu. Non pas parce que le monde est un endroit terrible, mais parce que *vous allez le créer dans votre réalité* afin de vous amener à connaître l'expérience dont je parle.

Alors, allez marcher dans la rue, vous verrez. Et lorsque vous apercevrez cette personne qui en a moins que vous, ne vous désolez pas pour elle. Dites-vous bien que c'est vous qui l'avez mise là. Vous avez créé cette expérience. Vous avez placé cette personne dans votre réalité. Comme si vous croyiez aux contes de fées, tel *Touched by an Angel (Les anges du bonheur)*. Vous devez remarquer que c'est ainsi que cela se passe. Autrement, vous verriez cette petite âme et commenceriez à avoir pitié d'elle. Ne venez à personne à partir d'un espace de pitié. Venez de l'affection, de l'amour. Mais soyez clairs : l'amour n'est pas la pitié. D'ailleurs, la pitié est le contraire de l'amour. Alors, ne vous approchez pas avec de la pitié, mais avec de la compassion.

Dans votre esprit, la compassion dit : « Oh, voici une personne qui s'imagine ne pas avoir ce qu'elle pourrait avoir dans la vie. Qui est encore prise dans un système de croyances créant autour de la réalité une construction différente de la mienne et de la vérité ultime. » Faites preuve de compassion, mais jamais de pitié.

Mais sachez aussi clairement que cette personne vient peut-être de se présenter là d'une façon prévue. Je crois qu'aujourd'hui je vais jouer le rôle d'un clochard poivrot dans la rue pour Neale Donald Walsch. J'ai répété mon rôle pendant trente-six ans, et ainsi, à 5 h 45 cet après-midi, quand il marchera dans la rue, il pourra m'y rencontrer grâce à un arrangement préalable, et je pourrai apparaître de cette façon dans sa vie, pour lui donner une occasion de remarquer qu'il est abondant. Et il va me donner ce dollar, l'un de ses cinq derniers, et cela changera vraiment ma réalité. Car, pour moi, un dollar est une somme d'argent énorme. Je reçois habituellement des pièces de cinq cents et de dix cents des gens dans la rue, mais ce gars-là me donne un dollar. Puis, je poursuivrai mon chemin, ayant rempli mon contrat, qui était d'apparaître ainsi sur ce coin de rue.

Sachez bien clairement que rien n'arrive par accident. Nos chemins se croisent de façons fort mystérieuses, et nous nous retrouvons, parfois vingt ans plus tard. Il y a tellement plus de choses au ciel et sur la terre... que vous ne pourrez jamais imaginer. Ainsi donc, il n'y a ni accidents ni coïncidences.

Vous marchez dans la rue et vous donnez le dernier de vos cinq dollars. Alors, qu'est-ce qui se passe ? Vous avez inversé le paradigme pensée-parole-action. Vous faites ce que ferait la personne qui vient d'un espace d'abondance et vous commencez à donner ce que, une heure avant de prendre cette décision, vous n'auriez pu imaginer donner, car vous pensiez ne pas en avoir assez. Mais maintenant, il est clair que vous en avez plus que suffisamment – tellement, que vous choisissez d'en offrir aux autres.

En agissant de la sorte, vous créez une expérience dans votre corps, qui, lui, représente un niveau d'énergie très grossier. Au point de vue cellulaire, le corps remarque : « Oh, mon Dieu, je donne cet argent. Je lâche prise, même. » C'est comme à l'église le dimanche matin. Vous savez ce que vous pensez de l'argent. Le dimanche matin, à l'église, lorsque le panier de la quête arrive et que vous sortez vos billets : « Je donne tout un dollar. As-tu vu ça, Martha ? Voilà le panier. Sensass ! Un sermon magnifique, ce matin ! Finalement, j'en donne cinq. Un très beau sermon. »

Donnez plutôt un billet de vingt. Apportez votre carnet de chèques et écrivez *cent* dollars. Laissez savoir à votre église à quel point c'est important pour vous. Si vous allez à l'église, à la synagogue ou dans tout autre lieu de culte et que ça vous sert, prenez votre chéquier et faites même un chèque de 150 $. Faites-le seulement une fois. Laissez-le savoir à votre église, votre synagogue, votre lieu de culte. « Voici à quel point cet endroit est important pour moi. Je dépense autant d'argent pour toutes sortes de foutaises, ça n'a aucun sens. » Et faites ça chaque fois que vous verrez quelque chose qui vous paraît avoir du sens. Donnez, donnez, donnez, de tout ce que vous avez, qui a du sens pour vous. Et vous découvrirez que ça a un sens *pour* vous. *Des dollars et du sens.*

Car ce que vous donnez à un autre, vous vous le donnez à vous-même, puisque ce qui part revient. L'argent perd de sa valeur dès que vous essayez de vous y accrocher. Il n'a de valeur que lorsque vous êtes prêt à le laisser partir. Retenez bien cela : ceux d'entre vous qui épargnent leur argent *n'épargnent rien.* Vous savez que c'est même vrai dans l'économie mondiale ? Plus vous épargnez longtemps, plus votre argent perd de sa valeur. On compense par une construction artificielle appelée taux d'intérêt, pour vous convaincre que vous augmentez la valeur de l'argent en vous y accrochant. En fait, vous aurez de la chance si, avec le temps, vous arrivez à maintenir la valeur de l'argent auquel vous vous accrochez.

En fait, l'argent prend sa plus grande valeur lorsqu'il *quitte votre main.* Car il vous donne le pouvoir d'être, de faire et d'avoir quelque chose que vous choisissez d'être, de faire et d'avoir. *La seule valeur de l'argent, c'est lorsqu'il quitte votre main.* Mais nous créons ces constructions économiques artificielles appelées taux d'intérêt ou autrement pour nous convaincre d'accumuler notre argent. Épargnez un peu si vous le désirez. C'est correct. Moi-même, je n'épargne pas beaucoup. Je garde l'argent en mouvement, toujours en mouvement. Arrangez-vous tout simplement pour qu'il circule.

Mais la réponse à votre question est celle-ci : lorsque vous changez le paradigme être-faire-avoir, vous commencez à *agir comme si* et votre corps comprend peu à peu, à un niveau cellulaire, qui vous croyez être vraiment. Lorsque j'étais jeune, mon père disait : « Pour qui te prends-tu, toi, hein ? » J'ai passé le reste de ma vie à répondre à cette question, et mon corps essaie encore de comprendre ce que j'en pense.

En entrant dans un champ d'énergie grossière, mon corps commence à faire bouger des choses – à en donner, par exemple. Soudain, mon corps... Eh bien, comme vos cheveux – vous donnez une forme à vos cheveux, non ? Je le fais aussi. Depuis des années, je me peigne de cette façon. Mes cheveux ont adopté une forme. Vous pouvez former tout votre corps, pas seulement vos cheveux. Et votre corps commence à recevoir le message : « Ce que je choisirais de recevoir, je l'ai déjà. » Une fois que vous traversez cette immense barrière, tout change. Avant cela, vous croyez ne pas l'avoir et vous essayez d'obtenir ce que vous n'avez pas, c'est-à-dire plus d'argent, entre autres. Mais une fois que vous comprenez cela, vous l'*avez* ; ensuite, c'est seulement une question de nombre de zéros après le premier chiffre. Saisissez-vous ? Alors, vous découvrirez que ce qui va revient ensuite, en effet. Pas parce que vous avez accompli un vrai tour de magie dans l'univers, mais parce que vous avez finalement reçu la vérité sur votre être véritable. Sur un plan cosmique universel. L'univers ne dit jamais non à ce que vous pensez de vous-même. Il ne fait que l'amplifier. Avez-vous bien entendu ce que je viens de dire ? Il ne fait que l'amplifier. L'univers est vraiment merveilleux. Car Dieu grandit grâce à vous. Voyez-vous, Dieu est comme le fumier de l'univers. Je me suis dit que je dirais quelque chose d'absolument scandaleux. De complètement choquant. Une juxtaposition scandaleuse, pour voir si votre esprit peut soutenir la pensée la plus inconvenante. Car – et je disais cela de la façon la plus gentille – Dieu est ce qui fait pousser les choses. Et il vous fera pousser. Est-ce que ça vous aide un peu ?

Alors, peu importe ce que vous croyez vouloir être, faire ou avoir, voici le secret, voici la vérité : ce que vous croyez vouloir être, faire ou avoir, faites qu'*un autre* le soit, le fasse ou l'ait. Considérez-vous comme la *source* plutôt que le *récepteur* de ce que vous voudriez choisir de vivre. Car en fait, vous n'êtes pas le récepteur, mais vous avez toujours été, et serez toujours, la source. Lorsque vous vous imaginez être la source de ce que vous voudriez pouvoir recevoir, vous devenez *plein de ressources*. Et ainsi, vous devenez vraiment un magicien. On pourrait même vous appeler un « sourcier ».

Vous avez une autre question ? J'essaierai d'être le plus clair possible. Quelle est votre question ?

J'entends ce que vous dites, je le comprends et le saisis. Pourriez-vous, par contre, nous parler du fait qu'il y a dans l'action une résistance en soi, rattachée à la croyance, à la peur, au fait que si je le donne, je ne l'aurai plus. Que c'est cette résistance qui est le hic, pour ainsi dire. Et je suis curieux de savoir comment vous affrontez ça.

Si vous voulez savoir ce que vous croyez vraiment, si vous voulez vraiment entrer en contact avec les systèmes de croyances qui sont, je dirais, presque en train de mener votre vie, regardez à quoi vous résistez. Et surtout, à quel changement vous résistez.

Il n'y a aucun mystère là-dedans ; nous résistons à ce que nous ne voulons pas lâcher, et ce que nous ne voulons pas lâcher, c'est ce que nous croyons vraiment. Alors, ce n'est pas une construction mystérieuse ; c'est l'affirmation d'une évidence. Et pourtant, parfois, c'est la chose la plus évidente que nous ignorons et que nous ne voulons pas vraiment regarder. Je dis toujours aux gens que je vois résister fortement à une suggestion, à un changement, à un concept, de regarder si c'est une vérité profondément ancrée en eux... ce à quoi ils résistent. Puis, de voir si le fait d'être attachés, de toutes leurs forces, à cette vérité qu'ils croient être, leur sert vraiment. De bien regarder tout cela. Il est étonnant de voir le petit nombre de vérités profondément ancrées qui nous servent vraiment. C'est remarquable.

Et lorsque j'ai procédé à une sorte d'examen des vérités que je détenais profondément enracinées en moi, et que je les ai évaluées au moyen de la question : « Est-ce que ça m'est utile de m'ac-crocher à cette vérité ? », j'ai été surpris du nombre de vérités profondément implantées que j'ai alors choisi de laisser tomber sur-le-champ. J'ai entretenu des vérités remarquables dans ma vie, y compris des vérités simplistes qui sont presque embarrassantes, comme « Je ne suis pas une personne très séduisante ». C'est-à-dire pas très séduisante physiquement.

Laissez-moi vous en parler. Je veux partager quelque chose avec vous. Ça n'a rien à voir avec l'argent, mais je veux juste le partager avec vous. Je me rappelle un jour où j'étais avec une femme très, très séduisante. Une femme magnifique. J'étais debout devant un miroir – nous nous préparions à sortir pour la soirée ; nous partagions la maison ensemble. Et je l'ai regardée dans le miroir en lui disant : « Tu sais, tu es tellement belle, pourquoi tiens-tu à être avec une personne comme moi ? »

N'est-ce pas intéressant ? Ça vous montre à quel point mon estime personnelle était basse. Mais je l'ai dit de toute façon, et sa réponse m'a ébranlé. Elle était en train de brosser ses cheveux. Elle a jeté la brosse sur la coiffeuse, a enlevé les boucles d'oreilles qu'elle était en train de mettre et les a jetées sur le comptoir, puis s'est mise à enlever son collier – et j'ai dit : « Qu'est-ce que tu fais là ? »

Elle a répondu : « Je ne sors pas avec quelqu'un qui a une si piètre opinion... » et je croyais qu'elle allait dire « de lui-même », mais elle a dit : « Qui a une si petite opinion de moi. »

J'ai répliqué : « Quoi ? Qui a une si petite opinion de toi ? »

Elle a poursuivi : « Crois-tu que j'ai un goût aussi affreux ; est-ce que c'est ce que tu penses de moi ? Je veux que tu saches que j'ai très bon goût et que tu m'insultes quand tu poses une question pareille. »

Je n'y avais jamais pensé de cette façon-là. C'est intéressant, non ? Je ne sais même pas pourquoi je vous raconte cette histoire, sauf qu'elle m'a appris très clairement que je ne comprenais pas. J'avais sur moi-même une idée étrange qu'elle n'entretenait pas du tout.

Alors, j'ai fait cette liste de ces croyances qui avaient résisté au changement, de la croyance simpliste de ne pas être une personne séduisante à des croyances *beaucoup plus* importantes : Dieu n'est pas de mon bord ; le monde est sans pitié ; tous sont contre moi ; on ne peut pas battre le système ; le butin va au gagnant ; la survie appartient au plus fort – des vérités très profondément ancrées qui avaient dirigé ma vie. Et le nombre de ces vérités qui ne me servent pas est remarquable.

Voilà pourquoi je dis aux gens que je vois résister à quelque chose : examinez ça. C'est là que réside votre vérité. Puis, regardez si cette vérité vous sert. Je suis prêt à parier que, huit fois sur dix, elle ne vous sert plus. Est-ce qu'elle vous a servi à une certaine époque ? Peut-être. Est-ce qu'elle vous sert maintenant ? Je ne crois pas. Mais ce à quoi vous résistez persiste. Et seul ce que vous regardez, et assumez, peut disparaître. Vous le faites disparaître tout simplement en changeant d'idée à son propos.

Je me contente de sentir la résistance et de l'ignorer. Tout simplement parce que maintenant, j'ai mûri. Parce que je sais que ce à quoi on résiste persiste et que ce qu'on regarde disparaît. Alors, chaque fois que je sens de la résistance devant quoi que ce soit, je sais que c'est là que réside la vérité, juste au-delà de cette résistance. Peu importe la résistance qui apparaît, n'importe où dans ma réalité, je sais que juste au-delà se trouve la vérité la plus grandiose. Et parce que je le sais, j'accueille ce sentiment d'inconfort. Voyez-vous, la vie commence à la fin de votre zone de confort.

En d'autres termes, c'est de l'autre côté de votre confort que vous trouverez votre défi... votre plus grande chance. Chacun d'entre nous a tendance à rester dans le confort. Pas seulement le confort physique, mais en fait, plus souvent, le confort mental. Quand nous maintenons le confort mental, nous sommes également stagnants mentalement. Nous sommes comme de grosses boules, mentalement et spirituellement. Et l'excitation, dans la vie, est à la limite de tout cela. De l'autre côté de notre zone de confort. Le danger de rester dans le confort, bien sûr, c'est de ne pas grandir. Nous sommes à l'aise, mais nous n'avons rien produit, vraiment, en termes d'expansion ou de croissance, pour la plus grande part de notre vie.

Alors, je regarde toujours ce qui me plonge dans l'inconfort et j'y vais. Car c'est cela qui me fera grandir, en définitive, et me fera devenir une plus grande version de moi-même, une plus grande version de qui je suis. Par conséquent, dans ma vie, tout ce qui me plonge dans l'inconfort, je le regarde de plus près.

Je vais vous donner un autre exemple. Il y a environ huit ou dix ans, je regardais un film étranger, pas un film américain. Une scène d'amour très forte se déroulait à l'écran. C'était très suggestif. On y voyait beaucoup de nudité et de détails. Et je devenais très mal à l'aise devant cela. Je regardais ces images en pensant : « Qu'est-ce qui me rend mal à l'aise là-dedans ? Comment se fait-il que je peux regarder Sylvester Stallone faire éclater la tête de gens en plein devant moi sans me sentir le moindrement mal à l'aise ? Une violence incroyable, que je regarde et qui m'amuse un peu, sans être terriblement mal à l'aise. Mais là, en voyant cette scène érotique, cette scène de passion comblée, une part de moi est un peu mal à l'aise. »

J'ai considéré cette question pendant longtemps. Qu'est-ce qui me rendait mal à l'aise là-dedans ? J'ai examiné cela et j'ai trouvé des réponses qui ont complètement changé toute ma vie et toute mon expérience de moi-même par rapport à la sexualité, aux autres, à ma volonté de célébrer un aspect de moi-même qui est une si grande part de ma nature fondamentale.

J'ai aussi changé d'idée à propos de la violence. Maintenant, je vois la violence à l'écran et j'ai exactement la même réaction que lorsque j'y regardais des célébrations manifestes de la sexualité. Maintenant, je peux observer ces expériences à l'écran dans un confort absolu, mais lorsqu'on y présente que de la violence manifeste, cela me rebute et je n'y prends plus autant de plaisir – à ne pas même l'accepter.

Je n'ai utilisé qu'un exemple simple ici, mais ce que j'essaie de dire, c'est que dans ma vie, j'ai appris à regarder tout ce qui me rend mal à l'aise, puis à approfondir cela par d'autres expériences, car il y a probablement là quelque chose que je veux guérir ou, du moins, explorer de près, pour voir si ça me sert d'être mal à l'aise à cause de ça.

Alors, quand je dis que la vie commence à la fin de votre zone de confort, c'est vraiment ce que je veux dire. De ce côté-ci de votre zone de confort, ce n'est pas la vraie vie, mais une sorte de mort lente. Je crois que les gens doivent être mal à l'aise au moins six fois par jour. Et si vous ne l'êtes pas, *faites quelque chose* qui provoque cela. Prononcez un discours, chantez, dansez. Allez voir un film avec beaucoup de scènes sexuelles.

Alors, au moment où je commence à me sentir mal à l'aise, je dis : « Oh, voici encore ce sentiment d'inconfort. Oui, oui, allons-y. » Je suis à l'aise avec mon inconfort – si ça peut avoir du sens.

Comprenez-vous la divine dichotomie ? Je trouve du confort dans mon inconfort, ce moment initial de... « Oh, je n'ai pas... » ou « Ce n'est pas pour moi ». Les montants ont augmenté. Il y a quelque temps, on m'a demandé de verser une contribution à une cause très importante, et j'ai écrit une pensée : « Eh bien, pratique ce que tu prêches. » Puis, j'ai fait un chèque de dix mille dollars au nom de cette cause. D'accord. En libellant le chèque, je me suis dit : « Même pour moi, ce n'est pas un petit montant... » Et je me suis mis à respirer profondément, vous savez. J'ai signé le chèque, je l'ai mis dans l'enveloppe. Devrais-je vraiment le poster ? Mais ce sentiment d'inconfort, ce « Oh, je ne suis pas vraiment sûr, je ne suis pas vraiment sûr », veut dire que je suis absolument sûr. Que la partie la plus élevée de moi-même est en train de me parler – d'une façon qui vibre à travers chaque cellule de mon corps que j'appelais inconfort et que j'appelle maintenant un signal du divin. Allez-y, ne reculez pas.

Chaque fois que j'ai nié l'expérience de ma propre grandeur, je m'éloignais de mon inconfort, plutôt que d'y entrer – et je m'enfermais à l'extérieur de mon espace de joie. Pas une fois de temps à autre, pas ici et là. *Chaque fois.*

Alors, certains parmi vous diront : « Mais la prudence ? » Et je réponds : « Oubliez la prudence. Que pouvez-vous perdre, sinon tout ? » Et à moins de vouloir tout perdre, vous ne pouvez tout avoir. Parce que vous croyez qu'il s'agit de vous accrocher à ce que vous avez maintenant, mais ce à quoi vous vous accrochez vous glissera des doigts. Par contre, ce que vous laissez tomber vous reviendra au centuple. Parce que le fait de vous accrocher très fort à quelque chose, pour l'amour du ciel, est l'annonce la plus grandiose que vous croyez être séparé de cela et de tout le monde.

Voyez-vous, je suis ici et vous êtes là. Et j'ai ces choses, et il faut que je m'y accroche.

Mais le fait de laisser *aller* quelque chose est l'annonce la plus grandiose qu'il est clair pour vous qu'il n'y a aucun endroit où vous finissez et où je commence. Donc, en réalité, quand je vous le laisse, je me le redonne.

Voici les trois mots à vous rappeler toujours. Faites-vous-les tatouer sur le poignet gauche. Ce sont : *Soyez la source.*

Soyez la source de ce que vous pourriez choisir pour un autre. Venez de cet espace.

Si vous voulez plus de magie dans votre vie, apportez plus de magie dans la pièce avec vous. Si vous voulez plus d'amour dans votre vie, apportez plus d'amour dans la pièce avec vous. Si vous voulez plus de joie dans votre vie, apportez plus de joie dans la pièce avec vous.

Soyez la source, dans la vie des autres, de ce que vous voudriez avoir dans votre propre vie.

Si vous voulez plus d'argent dans votre vie, apportez plus d'argent dans la vie d'un autre. Apportez tout ce dont vous voulez davantage... même s'il s'agit de plus de compassion. Si vous voulez plus de sagesse dans votre vie, soyez la source de sagesse dans la vie d'un autre. Si vous voulez plus de patience, plus de compréhension, plus de gentillesse, plus de sexe... l'essentiel, c'est que ça fonctionne. Ça *marche*. Et c'est délicieux.

Et tout au long de ce processus, celui d'être qui vous êtes vraiment, vous vous apporterez l'expérience de la bonne façon de gagner votre vie presque du jour au lendemain. Et le monde vous couvrira de toutes les récompenses que vous avez cherchées en vain pendant tant d'années.

Alors, laissez votre « agir » surgir de votre espace d'être. Soyez heureux, abondant, sage, créatif, compréhensif, soyez un leader, celui que vous êtes vraiment, à chaque instant de votre vie. Venez de cet espace et laissez votre « agir » surgir de cet espace. Et non seulement vous trouverez la bonne façon de gagner votre vie, mais vous vous serez créé une vie plutôt qu'un gagne-pain.

En terminant

Je ne me considère pas comme une personne superficielle. Je vois les problèmes de rareté, de manque et dc pauvreté qui affligent le monde. Je comprends que pour la plus grande partie des habitants de la Terre, le mot abondance, tel que l'emploient la plupart des gens, a peu de signification. Ce qui a plus de sens pour eux, c'est le mot *survie*.

Il est clair pour moi, à présent, que ce n'est pas inévitable. Aucun d'entre nous ne devrait avoir à s'inquiéter de la survie quotidienne. Cela devrait être garanti, tout comme la dignité humaine fondamentale : avoir suffisamment de nourriture, de vêtements et de logements pour tous. Pourquoi, en tant qu'humains, ne partageons-nous pas librement tout ce que nous avons (un infime pourcentage de la population mondiale détient un pourcentage massif de la richesse et des ressources du monde, ce n'est pas un mystère) ? La plupart des gens croient au « manque ». C'est-à-dire qu'ils croient – même ceux qui possèdent beaucoup (peut-être *surtout* ceux-là) – qu'il « n'y en a pas assez pour tout le monde ». Autrement dit, si *chacun, sur la planète*, avait une juste part, ceux d'entre nous qui ont une part *disproportionnée* n'en auraient pas « assez ».

Cela nous amène à une question qui n'est pas sans importance : Quand « assez » est-il assez ?

Pour les gens dont la première gratification dans la vie, ou la plus grande satisfaction et la plus grandiose expérience, est dérivée de leur qualité d'être, *tout ce qu'ils ont maintenant* est suffisant.

C'est la leçon que cherchent à enseigner certains maîtres spirituels qui laissent tout tomber pour mener une vie de renonciation. Ils ne s'efforcent pas de démontrer que la renonciation est nécessaire pour atteindre le vrai bonheur. Ils ne s'évertuent qu'à montrer que les biens matériels ne sont *pas* nécessaires.

Cependant, quand un état d'être élevé se change en « agir » dans le monde physique, on a atteint la bonne façon de gagner sa vie, et la lutte disparaît de notre vie pour être remplacée par une véritable abondance. Après avoir écrit cela dans les livres *Conversations avec Dieu*, j'ai voulu savoir, de façon pratique, comment y arriver. Je voulais sincèrement savoir comment transformer mon activité quotidienne en une expression sacrée de Qui Je Suis Vraiment.

Le résultat fut une inspiration qui a produit le petit livre *Bringers of the Light*, et ceux qui l'ont lu m'ont dit qu'il leur avait enfin apporté une compréhension à ce mystère de la vie. Ce petit livre est disponible auprès de ReCreation, la fondation à but non lucratif que Nancy et moi avons mise sur pied il y a quelques années pour aider à traiter toute l'énergie qui arrivait (presque 300 lettres par semaine provenant de partout dans le monde) après la publication de *Conversations avec Dieu* et à répandre son message.

Si vous cherchez une expérience plus interactive, la fondation présente chaque année trois séminaires intensifs de cinq jours, *Recreating Your Self.* Fondés sur les messages de *CAD*, ils sont spécialement conçus pour ceux qui examinent de près la vie qu'ils vivent actuellement et qui cherchent des façons de pouvoir susciter un changement véritable.

Pour plus d'information sur ces retraites, écrivez à :

CWG Recreating Your Self Retreats
ReCreation Foundation
PMB #1150
1257 Siskiyou Blvd.
Ashland, OR 97520

De plus, de nombreuses questions sur l'abondance – et, d'ailleurs, toutes les questions couvertes dans le contenu de *Conversations avec Dieu* – sont traitées dans le bulletin de la fondation. (ReCreation, le nom de la fondation, découle directement du message de *CAD* selon lequel le but de la vie consiste à vous recréer à neuf dans la prochaine version la plus grandiose de la plus grande vision que vous ayez jamais entretenue à propos de Qui Vous Êtes.) Le bulletin contient des questions de lecteurs dans le monde sur la manière d'arriver à cela. Je réponds personnellement à chaque lettre.

Si vous voulez rester en contact avec l'énergie de *CAD*, vous pouvez obtenir un abonnement de douze numéros au bulletin en envoyant à la fondation la somme de 35 $ US (45 $ pour ceux qui résident à l'extérieur des États-Unis).

Finalement, Hampton Roads Publishing Company a produit une merveilleuse collection des meilleures de ces questions et réponses au cours des cinq dernières années, *Questions and Answers on Conversations with God*. Cela et le *CWG Handbook* (également chez Hampton Roads) sont deux des livres les plus utiles jamais produits pour ceux qui cherchent véritablement à comprendre plus pleinement la matière de *CAD* et à trouver des manières pratiques de l'appliquer dans leur vie quotidienne.

Par ces moyens et par d'autres, j'espère que nous pourrons tous en apprendre davantage à propos de l'abondance, de ce qu'elle est vraiment et de la façon d'en faire l'expérience. J'espère que nous nous rappellerons tous comment partager librement tout ce que nous avons, et que nous sommes. Je sais que certains de nous le font. Mais à une certaine époque, nous le faisions tous. Nous savions comment vivre sans attentes, sans peur, sans indigence et sans avoir du pouvoir sur quelqu'un ou être meilleur qu'un autre, d'une certaine façon. Si nous pouvons revenir à cet espace, nous pourrons guérir notre vie... et guérir le monde.

La vie holistique

« Parcourir la voie », à quoi cela peut-il bien ressembler ? De quoi peut bien avoir l'air une vie intégrale – et sacrée ? Comment comprendre les messages de tous les grands écrits spirituels et comment les vivre au quotidien ?

Voilà des questions que posent tous les adeptes de la spiritualité. Les réponses nous ont été données à maintes reprises, de bien des façons et de bien des sources différentes. Mais nous ne les vivons pas. Dans l'ensemble, nous n'accordons aucune attention aux paroles de ceux qui pourraient nous servir de guides spirituels. Nous sommes donc égarés. Le *monde* l'est. Mais nous n'avons plus le temps d'agir dans l'égarement. Le temps file. Pour chacun de nous et pour la famille humaine.

Chaque jour qui passe est pour vous une journée de présence en moins dans votre corps et sur la Terre, à accomplir votre destinée. Est-ce clair pour vous ? Est-ce bien ce que vous êtes en train de faire ? Ou êtes-vous en train de perdre votre temps, de chercher et d'errer encore, de vous poser encore des questions ? Si tel est le cas, s'il vous plaît, arrêtez. Voici les réponses. Elles nous ont été données. Toutes les grandes traditions de sagesse les contiennent. Et maintenant, elles sont plus accessibles que jamais. Nous ne dépendons plus de la transmission de ces vérités dans les récits oraux, ni de la découverte tardive de quelques parchemins perdus. À présent, nous avons les mass medias et le Web. Nous pouvons compter sur la distribution instantanée de livres, de cassettes audio et vidéo à l'échelle planétaire. En tant qu'adeptes de la spiritualité, nous n'avons pas, aujourd'hui, à chercher bien loin.

À vrai dire, nous n'avons jamais eu à le faire. Les réponses ont toujours été là, en nous. C'est la vérité à laquelle m'a mené toute cette information nouvellement accessible.

Comme vous, je me suis longtemps posé des questions sur la façon de mieux vivre.

Les conseils exposés ici ne présentent aucune surprise. Comme je l'ai rappelé, nous avons déjà reçu des réponses aux questions les plus importantes de la vie – dans le Coran, la Bhagavad-Gita, le Tao-tö-king, la Bible, le Dhammapada, le Talmud, le Livre de Mormon, les Upanishad, le canon pali et en mille autres endroits. *La question n'est pas de savoir quand nous recevrons des réponses, mais quand nous les entendrons.*

Maintenant, parlons un peu de ce que c'est que de vivre comme une personne entière et de ce qui nous empêche de le faire. Nous allons examiner pourquoi nous nous considérons comme des êtres séparés – non seulement les uns des autres, mais même de l'intérieur de nous-mêmes. Pour commencer, je voudrais vous entretenir de cet aspect de notre expérience de vie corporelle que nous appelons la santé.

Quand j'ai entamé mon dialogue avec Dieu, ma santé était à son plus bas. Comme je l'ai déjà mentionné dans la première partie du dialogue, mon corps tombait littéralement en pièces. Je souffrais fréquemment d'une arthrite fort douloureuse. J'étais également aux prises avec une très vilaine fibromyalgie. Des problèmes cardiaques m'affligeaient continuellement. Une année, j'ai même eu des ulcères d'estomac. Bref, il se passait bien des choses dans mon corps. Aujourd'hui, ma santé est meilleure qu'il y a dix ans. Et je parais probablement un peu plus en santé, aussi, qu'à l'époque – mais ce n'est pas difficile. Alors, je voulais juste partager avec vous ce qui m'a été livré, dans ma conversation avec Dieu, à propos de la santé.

Le premier commentaire que j'ai reçu, c'est, je crois, l'un des plus étonnants qu'on m'ait jamais faits à propos de moi-même. En effet, Dieu m'a dit : « Neale, la difficulté, avec toi, c'est que tu ne veux tout simplement pas vivre. »

Et j'ai répondu : « Non, non, non ! Ce n'est pas vrai ! Bien sûr, que je veux vivre ! Quelle idée étrange et ridicule ! »

Et Dieu a ajouté : « Non, non, tu ne veux pas vivre ; car si tu le voulais, tu ne te conduirais pas de cette façon-là. Je sais que tu crois vouloir vivre, mais tu ne peux pas vraiment le vouloir. Et il est clair que tu ne veux pas vivre éternellement et même davantage. Car si tu le désirais, tu ne ferais pas ce que tu fais. »

Et j'ai répliqué : « Euh, qu'est-ce que tu veux dire ? » Alors, Dieu m'a fait remarquer des choses que je faisais et qui envoyaient à l'univers le signal que je ne me souciais pas vraiment de ce qui se passait dans mon corps. J'utiliserai un seul exemple simple qui touchera peut-être certains d'entre vous dans cette pièce.

Je fumais. Et Dieu m'a dit : « Tu ne peux pas, tout en fumant, déclarer que tu veux vraiment vivre. Car fumer va te tuer prématurément, c'est certain. »

On a suffisamment d'exemples à cet effet – on n'a plus à le prouver. Alors, quand vous affirmez : « Je veux vraiment vivre et je veux vivre longtemps et en santé », et que vous le dites en aspirant de la fumée de tabac, vous vous moquez de toutes les preuves qui démontrent qu'on ne vit pas, en infligeant ce genre de chose à son corps, une vie longue et fructueuse ; en tout cas, pas de la meilleure façon, à notre connaissance.

Je viens d'utiliser un exemple simple et ridicule. À ceux d'entre vous qui mangent en quantités extraordinaires de la viande rouge, je veux dire : trouvez un équilibre en toutes choses. Je connais des gens qui absorbent de la viande rouge à chaque repas ou presque. En fait, ils ne peuvent imaginer de repas sans cet aliment. Et c'est bien. Il n'y a rien de mal à cela. Ce n'est pas une question de bien ou de mal. L'important, c'est tout simplement ce qui fonctionne et ce qui ne fonctionne pas, dans le cadre de l'expérience humaine.

Certains de nos choix reliés à notre façon de vivre ne sont pas tout à fait aussi tranchés. Ils ont parfois à voir avec quelque chose de beaucoup plus subtil. Une sorte de régime mental, ou d'ingestion mentale d'idées et de pensées qui ne nous servent pas et qui ne nous permettent pas de mener une vie saine.

Par exemple, j'ai découvert, au cours de mes conversations avec Dieu, que tout ce qui ne correspond pas à une attitude totalement positive dans la vie peut provoquer la maladie. J'ai été amené à prendre conscience que même les moindres choses négatives répétées à maintes reprises finiront par produire, dans le corps humain, un effet que nous appellerons la maladie. Et j'ai été étonné du nombre de fois, dans ma vie, où je ne me suis pas trouvé tellement positif dans mes pensées. Des petites pensées comme : « Bon, je ne pourrai jamais gagner », ou « Ça ne m'arrivera jamais », ou de plus grandes pensées négatives.

Alors, j'ai appris à contrôler les pensées que je laisse résider dans mon esprit, afin de ne pas être enrobé par les énergies négatives qu'elles pourraient attirer vers moi. C'est particulièrement vrai à propos de mes pensées concernant les autres.

Quand j'étais plus jeune, non seulement je détestais beaucoup certaines personnes, mais, pour être vraiment honnête avec vous (je suis très ouvert), je me permettais même d'*entretenir* ces pensées. D'une certaine manière, elles me faisaient même du bien.

Vous savez, c'est difficile à admettre, mais une part de moi aime se délecter de la colère que je ressentais envers quelques personnes ou de l'aversion que je me permettais d'éprouver à l'égard de certaines gens. Et cette colère et cette aversion qui nourrissaient une part de moi, je ne l'ai réalisé que récemment, la nourrissaient de choses très nuisibles.

Les gens en colère, vous savez – même un petit peu, mais constamment – sont sujets à des crises cardiaques, à des problèmes d'estomac, à des ulcères ; ils éprouvent des états physiques négatifs.

Autrement dit, je connais très très peu de gens à la fois éternellement enjoués et toujours malades. Je suppose qu'on peut trouver l'exception confirmant la règle, mais je dois vous dire ceci: dans l'ensemble, le degré de positivité avec lequel on vit est presque toujours directement proportionnel au degré auquel on exprime et manifeste l'expérience de la santé. Et inversement, nous remarquons que les grands malades, ceux qui sont constamment en crise de ceci ou de cela, qui ont des maladies et des malaises chroniques, sont souvent des gens qui, dans une certaine mesure, se sont permis d'entretenir des pensées négatives sur la vie et qui se sont entourés d'énergies négatives.

La première de ces énergies négatives est celle que j'appelle (j'emploie encore ce mot) la colère – et j'ajouterai le ressentiment. Je parle des gens qui ont du ressentiment envers les autres qui ont déjà joué des rôles dans leur vie. Et des gens qui vivent le présent en portant la douleur du passé comme si c'était maintenant.

Écoutez : parfois, en regardant quelqu'un, on peut presque mesurer, sur une échelle de un à dix, toute la douleur que cette personne porte en elle. Une douleur qui, sans aucun doute, est très réelle pour elle – il n'est pas question de la condamner. Mais aussi, une souffrance qui ne lui sert plus, qui a très peu à voir avec ici-et-maintenant et qui se trouve reliée à jadis-et-là-bas. Et ces gens ne veulent absolument pas l'abandonner ; non pas qu'ils ne puissent pas, mais bien plutôt qu'ils restent tout à fait convaincus de ne pas pouvoir le faire.

« Neale, tu ne comprends pas ; tu ne comprends tout simplement pas. Si ça t'arrivait, à toi aussi, tu saurais. De toute évidence, tu ne saisis pas. » Et ils ne laisseraient vraiment personne leur enlever cette douleur, même s'ils le pouvaient. Car s'ils la lâchaient, ils laisseraient aller leur drame et tout ce qui a justifié leur état actuel et leur état antérieur pendant toutes ces années. Même si, dans certains cas, la blessure ou l'expérience blessante est survenue il y a huit, dix, quinze, vingt ou trente ans.

Mais en s'accrochant à cela et en l'intégrant tout ce temps à la réalité de leur vie, tout au long de ces jours et de ces années, ils n'ont fait, bien sûr, que permettre aux gens qui les ont blessés de continuer à le faire pendant trente ans – sans cesse.

Comme je l'ai souligné, nous avons tous connu des gens semblables, et parfois, vous savez, votre cœur s'élance vers eux. Et vous leur dites : « Qu'est-ce que je peux faire ? Comment puis-je t'aider à réaliser que le passé n'est plus, que le présent est là et que tu n'as pas à t'accrocher à ça ? »

Je peux vous affirmer que rien ne fait autant de tort au mécanisme humain, à l'organisme, à cette maison biologique que nous habitons, ni plus vite ou plus profondément, que ce genre de pensées négatives ou d'émotions non résolues que nous transportons en nous depuis un quelconque « moment passé » qui, selon nous, a largement défini à notre place qui et ce que nous sommes, et qui et ce que nous allons être.

Alors, l'une des premières étapes de la vie holistique est le pardon. Et je l'entends de deux façons. Le but de la vie n'est pas de prendre mais de donner. Et jusqu'à ce que nous ayons appris la guérison divine, jusqu'à ce que nous ayons étalé le baume du pardon sur nos blessures, celles-ci vont suppurer en nous longtemps après que les cicatrices extérieures seront apparemment disparues. Et nous nous trouverons, à 36, 43, 51 ou 63 ans, à affronter d'énormes défis sur le plan physiologique, sans savoir d'où ils viennent.

Hier, tenez, dans l'avion qui m'amenait ici, je lisais dans le journal un article sur un homme de 41 ans mort d'une crise cardiaque à New York. Sa petite amie a tenté de rejoindre l'urgence mais n'a pu avoir de réponse, parce que le système a été en panne pendant une heure. Et il a quitté son corps pour toujours. Mais je me suis dit que... selon tous ceux qui l'ont connu, c'était sans doute un gars en parfaite santé. Pourtant, il est parti comme ça. De toute évidence, il se passait des choses en lui.

L'un des enseignements tirés de mes conversations avec Dieu, et l'une des choses les plus difficiles que j'aie eue à affronter en absorbant et en acceptant ce contenu, c'est l'affirmation suivante : *on crée soi-même toute maladie.* En effet, c'est difficile, car on veut aller à un autre espace qu'on aime bien, un espace d'autoflagellation et de culpabilité du genre « Pourquoi je me fais ça à moi-même ? » D'ailleurs, je ne sais pas ce que je déteste plus que le fait qu'une personne vienne vers moi avec une pose affectée, lorsque je suis malade, et me demande : « Pourquoi te fais-tu cela? » Je lui réponds : Merci, j'avais vraiment besoin d'entendre cela. Puis, je marmonne quelque chose comme : « Regarde donc ce que tu as l'air toi-même. »

Malgré tout, il y a là un grain de sagesse, même si je ne crois pas que la confrontation soit très utile. Mais nous pourrions en effet nous demander : « Pourquoi est-ce que je crée cela ? » L'important, pour aller droit au but, c'est : « Qu'est-ce qu'il faudrait que je fasse, maintenant, pour me dégager de ça ? » Alors, sachez qu'à un certain niveau, nous créons toutes les maladies. Et lorsque nous comprendrons cela, nous comprendrons aussi que nous créons même ce que nous appellerions, j'imagine, dans notre expérience, la plus grande maladie de toutes, c'est-à-dire la « mort ».

Je me suis fait dire qu'en fait nous n'avons pas à mourir, mais que nous avons tous choisi, pour diverses raisons, de quitter, en définitive, notre corps physique. Car franchement, il ne nous sert plus, et nous n'avons plus besoin de cette vie-ci ni de cette forme-ci pour atteindre et accomplir notre destinée. Les maîtres qui savent et comprennent cela quittent leur corps avec beaucoup de grâce, tout comme vous vous débarrassez d'un vêtement que vous ne trouvez plus utile, ou que vous vous dégagez d'une expérience qui ne vous sert plus. Alors, les maîtres se dégagent tout simplement de leur forme physique actuelle et se disent : « Ainsi soit-il, c'est la fin. Et maintenant, en route vers une nouvelle aventure, vers la prochaine expression glorieuse de ma véritable nature. »

Il y a alors une sorte de détachement, ou de dés-attachement, si vous voulez, par rapport à cette forme physique précise. Mais comme nous entretenons cette forme, et puisqu'il nous plaît de le faire, il est bon de pouvoir l'entretenir dans un espace de santé, de vitalité, d'émerveillement dans l'expression de notre être véritable. Et c'est possible : il suffit d'obéir à certaines règles très, très simples, celles de la santé physiologique que nous connaissons tous. Mais plusieurs d'entre nous trouvent tout simplement impossible d'obéir à ces règles. Alors, la première chose que Dieu m'a dite au chapitre de la santé, c'est : « Pour l'amour du ciel, prends mieux soin de toi. Écoute : tu t'occupes mieux de ta voiture que de ton corps. Et c'est peu dire, d'ailleurs.

« Tu fais vérifier ta voiture plus souvent que ton corps. Tu en changes l'huile plus souvent que certaines de tes habitudes, sans compter les aliments nocifs que tu fournis à ton corps. Alors, je t'en prie, prends mieux soin de lui. »

Je veux juste vous donner quelques règles très simples, pour ne pas dire simplistes.

Premièrement, l'exercice. Tous les jours, utilisez votre corps d'une façon qui lui permette de se sentir utile et en action, ne serait-ce qu'un peu. Il est étonnant de voir ce que quinze ou vingt minutes par jour (ce qui n'est pas beaucoup) peuvent apporter au corps humain.

Deuxièmement, surveillez ce que vous mettez dans votre corps. Voyez s'il vous est nécessaire de continuer à y mettre autant de cochonneries. Éliminez-les sinon complètement, du moins en grande partie. Je parle ici du sucre, des confiseries, de la plupart des féculents et des substances qui, assurément, ne nous font pas de bien. En fait, j'ai perdu pas mal de poids, ces derniers mois, en renouvelant ma conception de ce qui me convient. Alors, maintenant, je suis un peu plus mince qu'il y a un an.

Ce n'est pas qu'il vaille mieux être mince, ou qu'il ne soit pas bon d'avoir du poids. L'essentiel n'est pas là. Si vous vous sentez à l'aise à votre poids actuel, c'est superbe. Mais si vous ne vous sentez pas bien, si vous commencez à ressentir un peu de léthargie et que vous n'avez pas l'impression de fonctionner de manière optimale, alors vous feriez peut-être bien de prendre des précautions très simples. Prenez quelques mesures faciles pour conserver ou retrouver un niveau élevé de santé – l'exercice et les choix alimentaires sont, bien sûr, les plus évidentes, mais, comme je l'ai dit, surveillez également vos pensées.

Sur le plan holistique, ce n'est là que le commencement. La vie holistique passe par l'expression totale et complète de soi. On dit alors qu'on mène une vie sacrée. Cela signifie que nous fonctionnons aux trois niveaux de la création et à partir des sept niveaux d'énergie que nous appelons les chakras du système corporel humain. Et la vie holistique suggère de n'abandonner aucune de ces expériences de chakras, de ne nier aucune de ces énergies qui circulent en nous.

Permettez-moi de vous entretenir précisément de l'énergie sexuelle humaine, car on a beaucoup parlé de la vie holistique et spirituelle.

Certaines gens ont prétendu qu'une vie hautement spirituelle exige d'être ce que vous et moi appellerions chastes, ou non sexuels, ou asexués, comme vous voulez. Et que les gens qui sont ouvertement sexuels, qui se délectent et trouvent une grande joie dans l'expression de leur sexualité humaine, sont corrects, c'est-à-dire ni bons ni mauvais, mais qu'ils ne sont tout simplement pas très évolués. Un jour, ils y arriveront et comprendront, mais entre-temps, ils font ce qu'ils font.

Toute une école de pensée suggère que les saints n'ont presque pas de vie sexuelle, ou si peu. En fait, cette doctrine est si répandue dans quelques traditions qu'on vous demande, pour faire partie de cette culture ou sous-culture, de renoncer à votre sexualité.

J'ai interrogé Dieu là-dessus, car c'est une chose que je voulais savoir. J'ai dit : « Dieu, est-il vrai que pour vivre une vie vraiment holistique et pour éprouver et exprimer la part la plus grandiose de qui je suis, je doive vraiment, vraiment nier la... » (je l'ai presque dit ainsi) « la part la plus basse de qui je suis ? » Et je ne veux même pas dire : le premier chakra. J'entends la part la plus basse dans mon estime.

Il semblait que de tous les aspects de ma personne, ma sexualité était le plus bas. C'était un aspect de moi que je voulais bien assumer, mais pas très ouvertement ni très fièrement, sauf en quelques circonstances et à certains moments de ma vie. Alors, j'en avais honte, j'en étais gêné. J'avais profondément éprouvé ces sentiments dans ma vie, et on m'avait fait sentir, enfant, que mon expression sexuelle était une chose que je devrais traiter avec de la honte, sinon de la circonspection. En fait, je me rappelle un jour – j'étais aux premiers stades de la puberté, j'avais peut-être douze ou treize ans, peut-être même un peu moins – où je dessinais des images de femmes en copiant des photos de magazines et me délectais des courbes admirables... et de la merveilleuse petite stimulation que cela me procurait. Vous savez, quand on a douze ans et qu'on est quelque peu coquin. Eh bien, je me rappelle avoir pris plaisir à cela.

Et ma mère est entrée dans la pièce et m'a surpris à dessiner ces femmes nues. J'adorais ma mère, bien sûr. C'était une personne extraordinaire. Maintenant, elle a quitté son corps, mais je me rappelle bien ce moment, car j'étais très, très gêné. Car sa première réaction a été d'être absolument horrifiée du fait que son fils dessine ces femmes nues sur ce bloc.

Elle a lancé : « Qu'est-ce que tu fais là ? » En cela, elle sous-entendait que c'était probablement une chose à laquelle je ne devrais pas occuper mon esprit. Et bien sûr, c'était *tout* ce qui l'occupait à cette époque de ma vie... et pendant un certain nombre d'années par la suite, en fait. Autant que je me souvienne... même jusqu'à maintenant – dans une certaine mesure.

Et ces jours-ci, j'apprécie. Je peux rire et trouver de la joie dans cette part de moi-même qui peut admettre et reconnaître que je trouve encore délicieux de contempler une forme humaine, surtout celle du sexe opposé. Dans des cas particuliers, c'est ce qui m'excite. Cela ne veut pas dire que c'est bon ou mauvais. C'est seulement ce que c'est pour moi.

Mais il m'a fallu presque un demi-siècle – imaginez – pour atteindre un espace où je ne sentais plus qu'en affirmant cela, je déclarais être en quelque sorte moins évolué, peut-être un peu moins spirituel, un peu moins ceci ou cela. Et c'était relié à de très nombreux épisodes – comme cette fois où ma mère m'a surpris la main dans le sac, pour ainsi dire, à dessiner ces images à l'âge de douze ans –, à toute une gamme de ce genre d'expériences au cours desquelles la société m'a permis de remarquer que c'était carrément interdit, que les gens vraiment évolués ne connaissaient pas ces expériences.

Et c'était davantage une simple inconvenance puérile, même s'il n'y avait absolument rien d'inconvenant dans ce que je faisais. Mais il y avait plus que cela. Il s'agissait d'idées que nous nous faisons, adultes (je reviendrai là-dessus), sur ce que c'est, en réalité, que d'être évolué et saint. Selon ces idées, les gens qui sont vraiment dans un espace de sainteté n'utilisent tout simplement pas ces énergies et n'en font pas l'expérience. Eh bien, c'est le contraire. Et c'est peut-être ce qui fait *vraiment* d'eux des saints.

Alors, au cours de ma conversation avec Dieu, j'ai posé la question : « Et cette histoire de chakra inférieur ? Est-ce que j'ai à me libérer de toute cette expérience et à l'abandonner, pour évoluer ? » J'avais entendu toutes ces histoires à propos du fait qu'il fallait élever l'énergie... à partir du chakra racine, à travers le chakra du pouvoir et le chakra du cœur, jusqu'au chakra de la couronne. Alors, vous vivez dans cet espace merveilleux. Et vous n'avez rien à voir avec ce qui se passe sous votre cou. Il en est ainsi des vrais maîtres, qui ne vivent pas en dessous de leur cou. À partir du cou, je suis un maître, affirment-ils par là.

Et je me suis toujours demandé : « Comment est-ce possible ? Est-ce ainsi que Dieu l'a vraiment voulu pour nous ? Il doit y avoir autre chose. » Alors, j'ai appris que Dieu nous demande d'expérimenter une vie holistique avec toute l'énergie ou tous les chakras du corps. Nous devons engager pleinement le chakra racine, le chakra du pouvoir et le chakra du cœur. Nous devons engager pleinement le chakra le plus élevé et tous nos chakras dans l'ensemble.

Mais une fois arrivés au chakra couronne, il ne s'agit pas d'y rester et de laisser tomber les cinq du bas ni même de les couper. Il s'agit plutôt... je ne voulais pas dire de couper ça en particulier – je ne parlais pas de ça. Et je ne sais pas pourquoi vous riez. Une personne dans la salle a fait la grimace quand j'ai dit ça. Je crois qu'elle me comprend mal. Il ne s'agit pas de vous séparer de ces cinq chakras inférieurs. Et d'en rester aux chakras supérieurs, ou au dernier. Il faut vraiment faire monter cette énergie et maintenir votre rapport avec tous les chakras au-dessous. Alors, vous vivrez de façon holistique.

Une vie holistique implique davantage. Elle signifie plus que purifier vos pensées, ou vous débarrasser de la négativité ; plus que trouver des solutions simplistes, comme être en santé et surveiller votre alimentation ; plus que vivre dans tous vos chakras, dans tout votre être.

Cela suppose remettre en contexte toute votre vie et en arriver à certaines interprétations de la façon dont tout cela fonctionne. Je veux dire : tout le processus que nous appelons la vie même. Et cela inclut en arriver à une nouvelle clarté quant à la totalité de qui vous êtes vraiment. La plupart des gens trouvent très difficile, à notre époque – et c'est ainsi depuis la nuit des temps –, de vivre leur vie à partir de l'idée la plus grande de la totalité de qui ils sont vraiment. Et la raison pour laquelle ils ont une telle difficulté, c'est qu'ils sont coincés dans la peur. La vie de la plupart des gens, à un degré ou à un autre, est dirigée par la peur.

Les livres *Conversations avec Dieu* nous rappellent qu'il n'y a que deux espaces à partir desquels surgit chaque pensée, parole ou action ; que tout ce que nous pensons, disons et faisons prend racine dans l'amour ou dans la peur. Et pour un grand nombre d'humains, la plupart du temps, seule la peur contrôle et crée la pensée, la parole et l'action. Ainsi, l'une des premières étapes à suivre pour passer à la vie intégrale et holistique, c'est de se dégager de la peur. Vous savez, en anglais, *fear* (la peur) est l'acronyme de *false evidence appearing real*[1]. Mais il correspond aussi à *feeling excited and ready*[2].

L'un de mes plus grands maîtres m'a dit cela un jour, puis il a ajouté cette phrase que je n'ai jamais oubliée : « Neale, appelle tes peurs une aventure. » N'est-ce pas une phrase merveilleuse ? Quand j'ai commencé à le faire, je me suis mis à me dégager de ma peur. J'ai aussi commencé à regarder de quoi j'avais peur, en définitive. Bien sûr, c'était de Dieu. Écoutez, je croyais que Dieu ne me pardonnerait jamais tout ce que j'étais ou n'étais pas ; les fois où j'ai échoué à vivre à la hauteur de l'idée que, selon moi, Dieu se faisait de qui j'étais ; ou toutes les fois où je me suis comporté d'une manière inconvenante, selon ce que j'imaginais des exigences de Dieu.

Oh, ces exigences m'avaient été imposées par chaque segment de ma société et par bien des gens dans ma vie. Et ce n'est que lorsque je me suis mis à créer et à vivre ma propre relation personnelle avec Dieu que j'ai pu me dégager de ma peur de la réaction de Dieu devant ma façon de vivre ma vie.

Voici l'affirmation que Dieu voudrait nous entendre prononcer, tous, même en repassant notre litanie de supposées offenses : « Je suis innocent et non coupable. »

Cela ne signifie pas que je n'ai jamais rien fait de ma vie que je ne referais pas autrement. Cela ne veut même pas dire que je choisis de me dégager d'un espace de responsabilité par rapport aux résultats que j'ai aidé à cocréer. Cela dénote, toutefois, que je suis dépourvu de culpabilité et innocent de tout crime.

Si le fait d'être humain est un crime, alors je suis coupable. Si le fait d'être une entité en évolution est un crime, alors je suis coupable. Si le fait de grandir dans la conscience, dans la sensibilité, dans la compréhension de l'expression de qui je suis est un crime, alors je suis coupable. Mais si ces choses ne sont pas des crimes, et je vous assure que dans le royaume de Dieu elles n'en

---

1. Fausse évidence qui paraît vraie. (NDE)
2. Se sentir enthousiaste et prêt. (NDE)

sont pas, alors je suis innocent et non coupable. Et Dieu ne va pas me punir parce que, d'une manière ou d'une autre, je n'ai pas réussi. Et Dieu me punira encore moins parce que je n'ai pas fait comme *quelqu'un d'autre* voulait que ce soit.

Eh bien, je vais vous raconter une expérience vécue au cours de mon enfance. Rappelez-vous que j'ai été baptisé et élevé dans la religion catholique romaine et qu'on m'a enseigné dès mon jeune âge à faire le signe de la croix, une coutume catholique – bien que pas nécessairement catholique romaine, puisque les Grecs orthodoxes font également le signe de la croix.

Alors, voici comment on me l'a enseigné, d'après mes souvenirs. Le signe de la croix, sans vouloir manquer de respect envers quiconque – s'il vous plaît, ne vous énervez pas –, se faisait comme ceci : « Au nom du Père, et du Fils, et du Saint-Esprit. » [mouvement] Alors, les Grecs orthodoxes, si je me souviens bien – s'il y en a un dans l'auditoire, je suis sûr qu'il me le dira – le font ainsi. [mouvement]

Avez-vous remarqué une différence ? J'ai d'abord touché cette épaule, puis celle-ci, plutôt que le contraire. Je me rappelle qu'en troisième année, une religieuse m'avait dit que c'était là une mauvaise façon et que ça ne marchait pas – c'est du moins la supposition que mon esprit d'écolier a retenue de ce qui était, selon elle, la mauvaise façon de faire le signe de la croix.

Alors, il y a un tas de mauvaises façons de faire toutes sortes de choses, vous savez ! Des gens disent que vous devez étendre un tapis et vous prosterner vers l'est au moins trois fois par jour. D'autres affirment que vous êtes censé rester debout devant une portion particulière du Mur des lamentations. Et que si vous êtes une femme, vous ne pouvez vous tenir du même côté que les hommes. On prétend que chacun doit se livrer à tel et tel rituel, sous peine de ne pas aller au ciel. On nous a remplis de ces idées et concepts sur le bien et le mal, et sur les exigences de Dieu. Et il est remarquable de voir la somme de culpabilités que nous portons en nous concernant les choses que nous avons faites dans notre vie. C'étaient parfois les jeux purs et innocents de l'enfance. Et le plus triste, c'est qu'on culpabilise même un petit enfant pour un de ces gestes.

Je me rappelle, à onze ans, alors que j'étais en train de manger un hamburger, avoir soudain réalisé : « Oh, mon Dieu, c'est vendredi ! » J'étais un jeune catholique très fervent et je croyais avoir commis un péché, car on m'avait dit que le fait de manger de la viande le vendredi était un péché véniel. Je me rappelle m'être senti très mal d'avoir fait cela, d'avoir été distrait une minute.

Quand je suis arrivé à la maison, ma mère m'a regardé. J'avais mangé au comptoir de fast-food. Et elle a dit : « Qu'est-ce qui se passe ? Tu vas bien ? Est-ce que quelqu'un t'a frappé ? Qu'est-ce qui s'est passé ? » Et j'ai répondu : « Non, mais j'ai mangé de la viande, j'ai mangé de la viande ! J'ai oublié que c'était vendredi ! Dieu va être fâché contre moi ! » C'est ce que je croyais vraiment, dans mon esprit de garçon de onze ans. J'en avais le cœur brisé, car j'étais très fervent – j'étais même un enfant de chœur, imaginez ! Qu'est-ce qui vous fait rire ?

Alors, ma mère, Dieu la bénisse, m'a seulement pris dans ses bras en disant : « Ça va, mon chéri. Je suis sûr que ça va. Ne t'en fais pas pour ça. »

Ma mère était suffisamment intelligente pour savoir qu'à l'âge de onze ans, je n'étais probablement pas prêt à entendre dire que Dieu s'en fichait. Ce n'est que des années plus tard, à vingt et un ans, que j'ai commencé à saisir cette pensée. Parce qu'alors, j'ai lu un immense titre dans le haut d'une page de notre journal local : « Le pape déclare que le fait de manger de la viande le vendredi n'est plus un péché. » Et je me suis dit : « Mais c'est merveilleux ! Maintenant, tous ces gens qui ont mangé de la viande le vendredi peuvent sortir de... » Ils ne sont jamais allés en enfer, bien sûr, car ils n'iraient pas en enfer pour avoir mangé de la viande. C'était seulement le purgatoire, car le fait de manger de la viande le vendredi était une sorte d'incartade morale et non pas vraiment un grand crime.

Je prends pour exemple mon éducation, et j'espère que vous m'en donnerez l'autorisation, car je parle de ma propre enfance. Nous avons tous des histoires comme celle-là à raconter sur la façon dont on nous permettait de vivre, peu importe notre appartenance religieuse, ou dont on nous rendait coupables de ce genre de choses.

Alors, si ce n'était que de petites choses comme celles-là (ce que mon père appellerait des niaiseries), ce ne serait pas un problème. Mais en fait, la moitié de la race humaine entretient une culpabilité immense à propos de choses énormes qui sont tout simplement des expressions de la merveille de qui nous sommes, telles que, pour revenir à notre sujet et pour mentionner un exemple évident de certaines des choses à propos desquelles on nous a laissés nous sentir coupables, l'expression joyeuse et festive de notre propre sexualité. Ou encore, le fait d'avoir beaucoup d'argent – certaines personnes se sentent très coupables de cela. Elles se permettent de se sentir coupables et commencent à en donner comme des fous afin d'apaiser leur culpabilité. « Ouais, j'ai pas mal d'argent. Je vais en donner un quart de million par année. Ainsi, je me sentirai un peu mieux devant cette horrible chose qui m'est arrivée. »

Et vous, en particulier, n'êtes pas censés avoir beaucoup d'argent si vous enseignez la parole de Dieu, ou si vous faites autre chose de vraiment merveilleux. Alors, nous payons mal nos enseignants et nos infirmières. Plus une chose est valable pour la société, moins bien nous la payons. Qu'est-ce que cela vous dit sur notre culpabilité par rapport à tout ce qui est bon dans la vie et, encore plus, en ce qui concerne les erreurs honnêtes – que je veux qualifier d'humaines – que nous faisons, les erreurs de jugement, et j'entends erreurs seulement au sens de gestes que nous ne referions pas ?

Nous nous frappons, nous nous flagellons et nous nous donnons tellement tort que, si nous ne faisons pas attention, nous pouvons même créer notre propre enfer sur terre à partir des erreurs que nous avons commises et, ainsi, nous rendre malades et échouer à vivre une vie holistique.

Alors, l'une des affirmations les plus grandioses, les plus libératrices, les plus apaisantes que vous puissiez énoncer, c'est : « Je suis innocent et non coupable. » Vivez dans cet espace de pureté, d'émerveillement, de totalité. Dès que vous acceptez votre absence de culpabilité, vous pouvez recoller vos morceaux.

Rappelez-vous ce que j'ai déjà dit au cours de notre partage : le pardon est la clé de la vie intégrale. En surplus, j'ajoute ceci : le pardon commence tout de suite. Autrement, il ne peut aller nulle part, car vous ne pouvez pas donner ce que vous n'avez pas.

La vie holistique signifie vivre avec tout cela, les hauts et les bas, la gauche et la droite, le proche et le lointain, l'avant et l'après, le masculin et le féminin. Toutes ces énergies masculine et féminine circulent en nous – dans nous, en tant que nous et à travers nous. Cela veut dire n'en rien renier, mais seulement l'assumer en entier, puis libérer ce qui ne nous sert plus, ce qui n'est plus l'affirmation la plus élevée de qui nous nous imaginons être, et nous accrocher au reste, alors même que nous le donnons, librement et ouvertement, à toutes les vies que nous touchons.

Certaines personnes vont élever de jeunes enfants. Quel conseil donnez-vous aux parents, ces jours-ci ? Que pouvons-nous leur dire ? Que pouvons-nous leur enseigner à propos de Dieu ?

Vous savez, le danger, en étant assis dans ce fauteuil, c'est de m'imaginer avoir une réponse à toutes ces questions. Je suis la dernière personne à laquelle des parents devraient demander conseil. Je figurerais probablement dans la liste des dix parents les pires du monde. Peut-être que ça fait ainsi de moi la bonne personne à qui poser ces questions, je ne sais pas ! Je peux vous raconter toutes les erreurs que j'ai faites. Je crois cependant qu'il y en a une seule que je n'ai jamais commise. Je n'ai jamais négligé d'aimer mes enfants sans condition. Et de ne rien leur demander que, selon moi, ils ne voulaient pas donner... à moi ou à la vie. Alors, le conseil que je donnerais aux parents, j'imagine, c'est : aimez-les comme vous voudriez être aimés. Ne le faites pas à partir d'attentes. Ne le faites à partir d'aucune exigence et, par-dessus tout, permettez-leur de vivre leur vie.

Relâchez-les. Laissez-les partir. Laissez-les se cogner aux murs et commettre leurs erreurs. Laissez-les se blesser à l'occasion. Recueillez-les et aidez-les, si vous le pouvez, lorsqu'ils ont une petite blessure. Mais n'essayez pas de les empêcher de vivre leur vie. Donnez-leur leur liberté – même celle de faire une chose qui n'est assurément pas dans le meilleur de leurs intérêts et que vous pourriez même qualifier de « mauvaise ».

Vous savez, le premier conseil que je puisse donner aux parents, c'est de traiter leur enfant comme Dieu nous traite : « Ce que tu veux pour moi, c'est ce que je veux pour toi. Je te donne le libre choix de prendre les décisions que tu veux dans la vie et je ne cesserai jamais de t'aimer, peu importe ce qui arrivera. » J'aurais bien voulu faire cela avec mes propres parents. Avec mes propres enfants. J'aimerais avoir eu ce genre de relation. Mais on essaie toujours.

Je crois que l'autre chose que je dirais aux parents, c'est : n'oubliez pas que chacun de vous est un parent. Une grande partie de ma vie, j'avais vraiment oublié que j'en étais un. Ainsi, j'ai abandonné mes enfants du point de vue émotionnel. Ce n'est vraiment pas correct.

Avez-vous un dernier mot à ajouter à propos de l'amour ?

Je crois que l'amour est l'émotion la plus mal comprise de tout l'univers. Je ne crois pas que la moitié des gens sachent ce qu'est l'amour véritable. Et je ne crois pas que la moitié des gens de cette planète en aient jamais fait l'expérience. Si nous en faisions l'expérience un seul instant, nous ne pourrions jamais vivre comme nous vivons, les uns avec les autres. Nous ne pourrions pas nous faire les uns aux autres ce que nous nous faisons. Nous ne pourrions pas ignorer ce que nous ignorons. Nous ne permettrions pas qu'il en soit ainsi.

Le premier problème, bien entendu, c'est que nous n'avons pas appris à nous aimer. Nous ne pouvons donner à un autre que ce que nous avons à donner. Et si nous n'avons aucun amour ici, nous ne pouvons en donner là. Ce sont des choses évidentes... Elles le sont tellement qu'il est gênant de les rappeler.

Un dernier mot sur l'amour ? Essayez-le, parfois. Mais si vous l'essayez, essayez à fond. À fond ! Essayez d'aimer quelqu'un juste une fois, une seule personne, sans condition ni restriction d'aucune sorte. Sans attente ni aucune exigence en retour. Essayez seulement, juste une fois, d'aimer quelqu'un ainsi. Mais soyez prudent, car si vous le faites une fois et que vous éprouvez ce sentiment, vous ne pourrez plus vous en passer.

Je me suis dit que j'allais interroger la salle, car c'est un sujet immense que j'essaie de traiter brièvement. Le moment est venu, vous avez la chance de poser toutes les questions que vous avez en tête. Voici la première.

Qu'avez-vous à dire concernant les gènes ? Tout, de l'obésité au cancer... Certaines gens ont l'impression d'être destinés à avoir le cancer en raison de leurs antécédents génétiques familiaux. Que répondez-vous à ceux qui disent qu'aucun contrôle n'est possible ? Que ça arrive, tout simplement ?

Il vous sera fait ce que vous croyez et affirmez. Et il y a des preuves suffisantes, dans les annales de l'histoire médicale, de gens qui sont allés absolument contre nature, si vous voulez. Ils ont produit des résultats exactement contraires à leurs antécédents génétiques qui, en fait, auraient dû constituer le facteur déterminant.

Il serait téméraire d'avancer qu'il n'existe pas de prédispositions génétiques. La science a démontré le contraire de façon convaincante. Ainsi, une prédisposition génétique à l'égard d'une condition particulière, par exemple, est réelle. Mais cela n'a pas à être une condition inéluctable. Ce n'est pas inévitable.

Avoir une prédisposition à une certaine maladie ne veut pas dire n'avoir aucun contrôle dessus. Si nous n'avions absolument aucun contrôle mentalement, physiquement, psychologiquement, nous dirions que nous sommes prédestinés. Nous serions sujets aux caprices du sort, pour ainsi dire – du sort physiologique, du moins. Et ce n'est tout simplement pas le propre de la condition humaine.

Un grand nombre de nos prédispositions ont été choisies – ou programmées. Selon une certaine école de pensée, personne ne vient par erreur dans un corps particulier. Ainsi, nous pourrions dire que quelques-unes des prédispositions incorporées dans le système biomécanique que nous appelons notre corps sont des conditions que nous avons choisies à l'avance, que nous avons vraiment sélectionnées comme des outils avec lesquels nous allons travailler, comme des couleurs ou des pinceaux avec lesquels nous allons peindre sur la toile de notre vie. Mais nous pouvons changer ces couleurs dès que nous le voulons. C'est-à-dire même au milieu du tableau. Nous pourrions dire : « J'ai trop de bleu, je crois que je vais passer à l'orange. » Et nous pourrions alors produire une nouvelle toile, ou un nouveau regard sur la toile originelle.

Selon moi, il est important de comprendre qu'aucun aspect de l'expérience humaine n'est plus puissant que l'idée que nous nous en faisons, que les décisions que nous prenons et les choix que nous effectuons à son égard, et que rien n'est trop grand pour surmonter notre partenariat cocréatif avec Dieu.

Si Dieu et moi décidons de changer quelque chose à l'usine biochimique appelée mon corps, nous le ferons, prédisposition ou non. Et en fait, rien ne peut empêcher ce processus. Et c'est précisément *par* ce processus que des gens se sont guéris du cancer et ont corrigé d'autres maladies physiques et émotionnelles par lesquelles, autrement, ils auraient pu être assaillis ou et qu'ils se seraient crus contraints d'éprouver.

Les gènes de votre corps ne sont que des indicateurs, un peu comme les signes du zodiaque en astrologie. Je crois que les gènes de notre corps nous fournissent des signes, comme les signes astrologiques s'appliquent au corps plus grand que nous appelons univers. Ainsi, chacun de nous est un univers miniature. Et je crois que nos gènes sont analogues à des signes astrologiques, en ce sens qu'ils peuvent indiquer des directions dans lesquelles nous pouvons aller sans pour autant représenter l'inévitable. Ainsi, ils indiquent tout simplement une voie qui pourrait être prise et qui, en fait, est la plus susceptible de l'être, si vous voulez, jusqu'à ce que nous changions d'idée à ce propos.

Et si nous n'aimons pas ce que nos gènes nous disent à propos de la direction dans laquelle nous pouvons aller physiologiquement, nous devons choisir autre chose. C'est précisément en faisant d'autres choix à propos des directions dans lesquelles nos gènes nous envoient que l'on a vaincu des supposées conditions invincibles – comme le cancer et bien d'autres maladies. Ainsi donc, nous pouvons changer d'idée quand nous le voulons et produire une nouvelle expérience. Cependant, et voilà ce qui est crucial, peu de gens croient vraiment cela. Et parce qu'il en est ainsi, très peu de gens en ont fait la démonstration.

Nous est-il possible de vaincre nos antécédents génétiques ou n'importe quelle autre condition écologique devant produire chez nous tels résultats ou telles expériences ? Si ce n'est pas le cas, la promesse la plus grandiose de Dieu est une supercherie, vous ne disposez d'aucun libre arbitre et vous n'êtes pas aux commandes de votre propre destinée. Et on nous a raconté un extraordinaire mensonge. Mais je ne le crois pas. Mes yeux et ma vie prouvent le contraire...

Avant d'écrire les trois tomes de Conversations avec Dieu, *et entre chacun d'eux, étiez-vous conscient d'avoir des entretiens avec Dieu ? Et quelles formes prenaient-ils ?*

Avant que tout cela devienne des livres, que le contenu arrive par mon intermédiaire, je n'étais pas conscient d'avoir ce que nous appelons maintenant des conversations avec Dieu. Non. Ce n'est qu'après l'arrivée du contenu – qui, d'ailleurs, n'est pas venu sous la forme d'un livre... c'était plutôt un dialogue très personnel que j'entretenais avec moi-même. En fait, ce n'est qu'après le début de cette expérience que j'en suis devenu conscient.

À partir de ce moment, j'ai été profondément conscient que toute ma vie – et la vôtre aussi – est une conversation avec Dieu. Et que non seulement nous *pouvons* tous en avoir, mais que nous en avons chaque jour.

L'une des questions que l'on me pose le plus souvent, c'est : « Pourquoi vous ? » La réponse est la suivante : ce n'est pas moi ; je ne suis pas l'élu. En fait, nous avons tous des conversations avec Dieu chaque jour de notre vie, mais nous ne le savons tout simplement pas, ou ne les appelons pas ainsi.

Alors, commencerez-vous à voir votre vie, telle que vous la vivez, comme une conversation avec Dieu ? Quand vous entendrez votre conversation avec Dieu sous la forme des paroles de la prochaine chanson qui tournera à la radio, ou de l'intrigue du prochain roman que vous ouvrirez, ou du contenu du prochain article de magazine que vous trouverez chez le coiffeur, ou des paroles fortuites d'un ami dans la rue ou, en fait, sous la forme de paroles murmurées à votre oreille droite, entendrez-vous et ferez-vous vraiment l'expérience de tout cela sous la forme de votre conversation personnelle avec Dieu ? Dans l'affirmative, vous ferez l'expérience sur laquelle vous m'interrogez et que je suis le seul, croyez-vous, à pouvoir vivre.

Ce qu'il faut savoir à propos des conversations avec Dieu, c'est qu'il y a des étapes faciles à suivre si vous choisissez d'avoir ce genre de conversation dans votre réalité.

La première étape est d'annoncer ouvertement votre intention et de vous déclarer que c'est même possible. Combien d'entre vous croient vraiment que Dieu peut leur parler et leur parlera directement, aujourd'hui même ? Bien. Super. Presque vous tous dans cette salle. C'est beau. Car c'est bel et bien la première étape que d'affirmer : « Minute, c'est possible, ça peut se passer, et en fait, c'est en train de se produire maintenant. »

La deuxième étape, après avoir reconnu la possibilité, c'est de vous permettre de croire que vous valez autant que ceux qui sont capables d'en faire l'expérience. Nous en sommes tous capables, mais très peu d'entre nous pouvons reconnaître notre valeur. L'estime de soi est une question immense pour bien des gens, et pour un tas de raisons dont j'ai parlé dans la première partie de notre présent entretien.

Une large part de ce qu'on nous a enseigné diminue notre sentiment d'estime de soi et nous fait nous sentir beaucoup moins dignes, moins valables que ce qu'on croyait, et on finit par se sentir bons à rien. Et si vous croyez que le sentiment de nullité est rare parmi les gens, pensez-y bien. En effet, beaucoup de gens éprouvent ce sentiment toute leur vie. Donc, l'étape numéro deux de votre conversation avec Dieu, c'est d'y aller, de reconnaître que vous en êtes dignes.

Et la troisième étape, une fois que vous aurez reconnu votre valeur, consistera à remarquer que la conversation a lieu, comme je l'ai dit, de façon constante. Et à cesser de porter cela au compte d'autre chose, comme si c'était une simple coïncidence. Supposons que, ces dernières semaines, je me sois intéressé à un certain sujet et que j'entre chez le coiffeur. Tiens, un magazine – il se trouvait là depuis trois mois et demi. Je l'ouvre, et j'y découvre un article de seize pages sur le sujet même qui m'intéresse. Qu'est-ce que vous en dites ?

Je ne compte pas le nombre de gens qui m'ont écrit que l'un des tomes de *CAD* leur était tombé de l'étagère entre les mains, ou leur était arrivé par quelque autre chemin heureux. Et je ne peux pas vous dire combien de lettres nous avons reçues de gens qui affirment que ce livre est apparu juste au bon moment dans leur vie. Qu'est-ce que vous en dites ? Ce n'est que lorsque vous serez profondément conscients de la façon dont le processus s'est déroulé, que vous pourrez commencer à comprendre que tout cela fait partie de votre propre conversation.

Mais la partie la plus importante de la conversation que nous sommes tous capables d'avoir et que vous avez tous chaque jour, ce n'est pas tellement ce que vous entendez ou imaginez Dieu en train de vous dire, mais ce que *vous* êtes vous-mêmes en train de dire à *Dieu*. Encore une fois, je vous rappelle que votre part de la conversation avec Dieu est la vie que vous vivez. Les pensées que vous avez, à chaque instant, les paroles que vous prononcez, les choses que vous faites – c'est ça, votre conversation. Il n'y en a pas d'autre. Alors, prenez bien garde de dire une chose et d'en faire une autre, ou de penser une chose et d'en dire une autre. Alignez plutôt vos pensées, vos paroles et vos gestes, de façon à penser ce que vous dites faire. Et alors, votre conversation sera vraiment sacrée. C'est-à-dire qu'elle sera entière. Et votre vie sera holistique[3].

Vous avez une question ?

Dans le processus qui consiste à instaurer dans notre vie le genre d'alignement dont vous venez de parler, pourriez-vous élaborer davantage sur ce que vous disiez dans le tome 3 à propos du fait que notre technologie et notre conscience sont en contradiction l'une avec l'autre, et sur la direction que nous allons prendre à l'avenir ?

Oui. Nous sommes actuellement à un véritable carrefour. Nous sommes arrivés à un point – et ce n'est pas la première fois – où la technologie nous menace, et il est probable qu'à ce stade, elle dé-

---

3. Sacrée = *holy*, entière = *whole,* holistique = *holistic*

passe notre compréhension quant à la manière de l'utiliser. Du moins, c'est vrai de bien des gens, de presque trop de gens, à moins que nous ne renversions les choses très rapidement. Voyez-vous, nous sommes également à une autre étape fascinante dans l'évolution de l'espèce humaine. Nous en sommes à ce que Barbara Marx Hubbard nomme *l'évolution consciente*. Laissez-moi vous expliquer.

Jusqu'à tout récemment, le processus que nous appelons l'évolution (celle de l'espèce) semblait être un processus que, en gros, nous observions. Nous observions notre évolution se dérouler droit devant nos yeux. Nous voyions les choses arriver. Parfois, nous le faisions même avec amusement. C'est incroyable. D'autres fois, nous le faisions avec gratitude et enthousiasme. En somme, nous nous voyions en train d'observer le processus se dérouler autour de nous. Il était enregistré dans les livres d'histoire, des livres dans lesquels nous pouvions suivre les progrès de notre évolution, et ainsi de suite.

Ce n'est qu'à une époque relativement récente, pas même au cours de toute la vie de certains d'entre nous, disons au cours des derniers vingt, trente ou quarante ans, que nous avons pris conscience non seulement du processus de l'évolution, mais du rôle que nous y jouons.

Ce n'est qu'à une époque relativement récente que nous avons pris conscience du fait que nous *créons* la façon dont nous sommes en train d'évoluer. Pour la plupart des membres de notre espèce, il s'agit d'un autre niveau de conscience. Ainsi, nous sommes maintenant engagés dans un nouveau processus appelé évolution consciente. En d'autres termes, nous commençons à *diriger le cours de notre évolution et la façon* dont nous, en tant qu'espèce et en tant qu'individus, sommes en train d'évoluer.

Cela représente un changement immense dans le déroulement de l'évolution. Voyez-vous ? Cela ne pourrait pas survenir à un meilleur moment. Parce que cela se trouve aussi arriver en même temps que le moment auquel notre technologie menace de renverser notre capacité de l'utiliser intelligemment. Car nous n'avons pas encore défini le terme « intelligemment ».

Nous parlons de dilemmes moraux comme ceux posés par le

clonage ou par les manipulations génétiques, pour ne citer que ces exemples. De mille façons, notre société a créé une technologie que nous commençons à peine à savoir employer à bon escient. Une technologie extrêmement dangereuse pour notre santé, pour notre environnement (ce qui revient au même) et par rapport à la façon que nous choisissons, en tant qu'*Homo sapiens*, de vivre sur la planète.

Alors, nous devons jeter un coup d'œil à cette course contre la montre et choisir consciemment comment nous voulons évoluer en ce qui concerne les technologies qui ont jusqu'ici dirigé le moteur de notre expérience. À propos de quelles technologies voudrions-nous dire : « Oh, minute, papillon ! Un instant ! Je ne suis pas d'accord ! » Pouvons-nous dire oui à ceci et non à cela ? Pouvons-nous effectuer des choix intelligents et prendre des décisions qui le sont tout autant ? Et pouvons-nous appliquer nos pensées collectives les plus élevées à propos de notre nature véritable, comme un transparent sur le progrès et les applications technologiques que notre société permet, accueille, crée, encourage et vit ?

Voilà vraiment les questions les plus pressantes de notre époque. Ce n'est pas une mince affaire. Et tous ceux d'entre vous dans cette salle et les autres, partout, sont dorénavant appelés à la première ligne de cette investigation.

Ces questions, personne d'autre que vous n'y répondra. Vous y répondrez par les produits que vous consommerez, par les choix individuels que vous ferez au supermarché, à la boutique de vêtements et dans les rues où vous habiterez.

Vous y répondrez dans votre vie quotidienne : par le biais de ce que vous direz aux autres, dans votre manière de les encourager, à travers vos choix, ceux que vous partagerez, et dans votre façon de les partager. Si vous n'êtes pas vraiment, profondément conscients de ce que je suis en train de vous dire et des implications qui en découlent, vous pourriez tout simplement mettre cela au compte d'un simple blabla.

Je vous invite à lire un ouvrage extraordinaire intitulé *Les dernières heures du soleil ancestral*, par Thom Hartmann. Tandis que vous y êtes, pourquoi ne pas lire aussi le bouquin de Barbara

Marx Hubbard, *Évolution consciente* ? Et si je peux vous en suggérer un troisième et dernier, ne ratez pas *Healing the Soul of America*, de Marianne Williamson. Ces livres traitent de ce sujet d'une manière très précise, très dynamique, très articulée, et avec une merveilleuse qualité d'observation.

Mais donnez-vous au moins la permission d'accéder au niveau de conscience que la question appelle ; la conscience d'être au bord du précipice au moment même où nous entrons dans le XXIe siècle et au-delà. Nous sommes dans une course contre la montre. Qui gagnera ?

La technologie ou l'esprit humain ? La technologie a déjà gagné une fois et a failli effacer la vie humaine sur cette planète – elle l'a presque éliminée. Bien sûr, cela pourrait être à nouveau. Je veux vous dire que cela n'arrivera probablement pas. Nous le craignions tous dans les années cinquante. Je ne crois pas à une grande explosion, que Manhattan sera détruite, ou que Moscou sera désintégrée par une bombe atomique ou quelque chose du genre. Cela pourrait arriver, mais je ne pense pas que ce soit de cette façon-là, le cas échéant. Ce sera par des moyens insidieux qui sembleront prendre toute une vie à engendrer des résultats avec lesquels nous ne voudrons pas vivre.

Alors, je crois qu'il est très important pour nous de commencer à accorder de l'attention à ces façons lentes mais sûres d'éliminer la qualité de notre vie. Cessons d'abattre les forêts tropicales. Pouvons-nous nous entendre là-dessus ? Vraiment, c'est relativement simple. Et trouvons comment nourrir tout le monde, pour éviter que quatre cents enfants meurent sur cette planète à chaque heure qui passe.

Une question ?

Neale, d'un point de vue de santé holistique, que pouvons-nous faire, selon vous, pour nourrir l'esprit, le corps et l'âme... afin de garder tout cela en équilibre ?

À mon avis, le véritable défi, à notre époque, consiste à nourrir l'esprit, le corps et l'âme simultanément, et à garder notre équilibre. C'est très difficile à atteindre dans un monde qui est si mal foutu qu'il nous paraît souvent en déséquilibre. Et parce que le monde semble déséquilibré, nous avons tendance à perdre notre équilibre avec lui. Comme par une sorte de mécanisme compensatoire, nous penchons de l'autre côté.

Par exemple, si nous sommes profondément engagés dans un processus spirituel sur une longue période de temps, dans une communauté spirituelle, disons, nous pourrions perdre l'équilibre, commencer à entrer profondément dans notre corps et oublier tout à fait que nous sommes des êtres spirituels. Même chose si nous sommes profondément engagés dans un genre de vie très concrète qui ne reçoit pas beaucoup de nourriture spirituelle. Les gens font alors parfois des retraites intensives ou des ateliers ou des séminaires et entrent si profondément dans l'aspect spirituel de leur état d'être, qu'ils ne peuvent vraiment pas en sortir. Après cela, ils finissent par flotter sur une montée d'énergie de six à huit mois qui offre peu de ressemblance avec la réalité quotidienne dans laquelle ils vivent. Alors, le véritable défi est d'atteindre un point d'équilibre. Je crois que c'est Gerald Jampolsky qui a dit : « La vie est une question d'équilibre. »

Et la façon d'atteindre cet équilibre est de se rappeler que nous sommes des êtres ayant trois constituantes et qu'aucune est plus importante, ou plus sacrée, que les autres. En fait, nous sommes corps, esprit et âme.

Certains aiment dire que notre part spirituelle, notre âme, est la plus sacrée et, par conséquent, la plus importante. Cela ne serait pas juste. La part spirituelle de votre être n'a pas plus d'importance et ne devrait pas être nourrie davantage que la part physique ou mentale.

Pourtant, bien sûr, on peut affirmer l'inverse. Nous n'accordons pas assez d'attention à notre corps. Je l'ai dit tout à l'heure. Nous ne gardons pas notre corps en forme, il n'est pas bien tonifié. Dans une large mesure, nous l'ignorons. C'est vrai pour la plupart des individus. Aux États-Unis, les gens ont généralement tendance à être obèses et en mauvaise forme. Ils meurent beaucoup plus tôt qu'ils ne le devraient à cause de leur condition physique et d'autres circonstances auxquelles ils ont prêté peu d'intérêt.

Nous ne comprenons sûrement pas assez l'importance de

nourrir notre esprit. Je suis étonné du peu de volumes que les gens lisent en moyenne dans une année. Partout où je vais, j'ai commencé à poser cette question aux gens. « Combien de livres avez-vous lus l'an dernier ? » S'ils répondent trois ou quatre, cela semble beaucoup. Vous savez, j'en lis vingt ou trente, et parfois cinquante, presque un livre par semaine quand je suis vraiment vorace. Ce n'est pas pour me vanter, mais je le remarque. Je croyais que c'était la moyenne, que c'était de même pour la plupart des gens. Mais j'ai plutôt constaté que si un gars lit trois ou quatre livres par année, il est très fier de lui.

Pour la plupart des gens, la manière la plus répandue de nourrir son esprit, c'est, je regrette de le dire, d'allumer le téléviseur. Ou peut-être de sortir voir un film. Mais quelle est la dernière fois où la personne moyenne est allée à une bibliothèque et y a passé un samedi après-midi pour voir ce que Balzac avait à dire sur quoi que ce soit ? La plupart des gens n'ont jamais fait cela de toute leur vie. Et leur esprit se meurt de connaître autre chose que les Simpsons, ou le cahier des sports du *Los Angeles Times*.

La majorité des gens ne nourrissent pas leur aspect spirituel, non plus. Ils ne méditent pas. Très peu passent du temps à s'occuper de leur côté spirituel d'aucune façon. Ils ne vont ni à l'église, ni à la synagogue ni dans un lieu de culte aussi régulièrement qu'ils le pourraient, et certains n'y vont pas du tout. Ils n'accordent aucune attention au fait que le tiers de leur être est une âme, si vous voulez. Nous sommes tous des âmes, mais nous sommes des êtres en trois parties. Et ils n'accordent pas trente-trois pour cent de leur temps et de leur attention à leur aspect spirituel. La plupart d'entre nous entretenons une zone plus qu'une autre, plutôt que les trois à parts égales.

Pouvez-vous nous suggérer des façons de changer cela ?

Il faut s'arrêter, tout simplement. Il suffit de remarquer que nous sommes des êtres en trois parties et de commencer à accorder une attention délibérée à chaque aspect de nous-mêmes, même si cela nous rend mal à l'aise. Dépassez les limites de votre zone de confort.

Si vous vous sentez embarrassés dans une église, une synagogue, un certain cadre spirituel ou à faire de la méditation, allez-y malgré tout. D'ailleurs, c'est ainsi que j'ai commencé à méditer. J'éprouvais une certaine gêne à l'idée de rester assis pendant une heure avec une chandelle ou de la musique douce, au creux de la nuit, juste immobile en moi-même. Mais parce que l'idée me mettait mal à l'aise et que je ne croyais pas, franchement, avoir même l'endurance nécessaire pour rester assis tranquille pendant une heure, j'ai essayé. Et j'ai essayé, encore et encore, jusqu'au jour où j'ai eu une expérience extraordinaire de méditation dans laquelle je me sentais en relation avec Tout Ce Qui Est d'une façon si incroyable que je ne passe jamais de longues périodes, à présent, sans méditer.

Alors, j'ai découvert quelque chose. C'est comme se rendre compte que l'asperge ne goûte pas si mauvais, après tout ; qu'en fait, elle goûte plutôt bon, voyez-vous. Alors, essayez. Dépassez les limites de votre zone de confort.

D'ailleurs, j'essaie maintenant d'appliquer cela à l'exercice. Pendant des années, l'exercice et moi n'avons pas fait très bon ménage. Mais maintenant, j'ai un petit gymnase, une toute petite pièce dans laquelle j'ai quelques appareils, et j'essaie de me convaincre d'y aller deux ou trois fois par semaine pour une légère séance de mise en forme. Je suis certain que cela fera des merveilles pour moi. Ce genre de chose est vraiment simple. Il n'y a là aucune magie, aucun mystère. Accordez-vous tout simplement la permission de faire attention.

Qu'est-ce que le guide interne ?

Chacun d'entre nous a un système, un guide interne grâce auquel il peut savoir tout ce qu'il faut sur la vie, tout ce qu'il est vraiment important de connaître sur elle. Et si nous écoutons ce guide interne, nous nous trouverons attirés vers les bonnes personnes, les bons endroits et les bonnes circonstances qui peuvent nous offrir une occasion d'exprimer la part la plus grandiose de qui nous sommes.

Pour moi, il n'est pas difficile de prendre conscience de ce guide interne. Je le sens dans mon ventre. Je dis souvent à une personne : « Écoute ton ventre. Le ventre sait. » Alors, voici un processus, un outil que je veux partager avec les gens. Il peut les aider à savoir quand ils vont dans la bonne direction, ou quand ils sont sur le point de prendre une mauvaise décision. C'est vraiment simple.

Tout d'abord, écartez-vous du point mort. Si vous vous trouvez dans un espace dit « coincé », que vous ne faites ni ceci ni cela, ou que vous reculez devant une décision à prendre, par peur d'effectuer un mauvais choix, faites un choix. N'importe lequel. Avancez vers quelque chose.

C'est toujours ce que je conseille aux gens : de tout simplement entrer dans le processus appelé « prise de décision » et d'avancer vers quelque chose. Dès que vous décidez carrément de faire ou de ne pas faire telle chose, de choisir ou de ne pas choisir telle chose, dès que vous allez dans une direction ou une autre, en quelques instants, votre ventre vous dira si c'est ou non la direction à suivre. C'est un guide interne. Pour moi, c'est comme ça que ça se passe. Pour d'autres, c'est peut-être sous la forme d'une pensée dans la tête. Mais nous avons tous ce guide interne.

Vous savez quand vous faites face à une chose contre laquelle tout votre être se rebelle et dit : « Non, ne fais pas ça » ? Eh bien, ce n'est pas de la peur. C'est un sentiment de sagesse intérieure qui signifie : « Je ne pense pas vraiment que tu veuilles faire cela. » Ou une connaissance intérieure qui dit : « Oui, c'est le bon pas. Vas-y ! » Il y a un sentiment de joie, une joie de vivre. C'est l'âme qui dit : « Je suis avec toi de ce côté. Allons-y. » Et c'est un sentiment intérieur, mais il vient à vous seulement *après* que vous avez pris une décision, et non avant. Et les gens attendent souvent d'avoir ce sentiment, ce guide, avant de prendre une décision.

Alors, voici un point clé : je tiens à le répéter, d'accord ? Je connais bien des gens qui prient, méditent et demandent à Dieu de les conseiller avant de décider quoi que ce soit. Je vais inverser cette idée sens dessus dessous. Les gens s'assoient et s'exclament : « Oh Dieu, s'il te plaît, aide-moi, donne-moi un conseil maintenant, avant que je prenne cette décision. » Et je réplique : « Non, non, non ; prends ta décision dans un sens ou dans l'autre, puis sois à l'écoute du conseil que tu reçois de chaque cellule de ton corps. »

Vous voyez, c'est tout juste l'inverse. N'ayez pas peur de choisir. Faites un choix, puis vous saurez si c'est le bon. S'il vous semble mauvais, arrêtez-vous, retournez-vous, et revenez en arrière. Mais s'il vous semble bon, continuez. N'est-ce pas une idée intéressante ?

Neale, j'ai deux autres questions à propos du corps, surtout en ce qui concerne la souffrance. D'après vous, une maladie du corps physique a-t-elle quelque chose à voir avec une chose qui a besoin d'être guérie sur le plan de l'âme ? Du point de vue métaphysique, on dit que si on a un rhume, c'est qu'on est confus – ce genre de chose. Quant à mon autre question, elle porte sur les gens qui souffrent physiquement et sur leur voyage spirituel. Est-il possible pour eux de connaître vraiment une expérience d'éveil lorsqu'ils éprouvent de la douleur, de la souffrance ?

Eh bien, selon les bouddhistes, toute la vie est souffrance. Et dans ce contexte, la réponse est claire : oui, la souffrance existe ; elle est une expérience. Mais ce que *vous* pourriez appeler souffrance, je la désignerais peut-être autrement. Par exemple, je suis affligé d'une douleur chronique. Il y a très peu de moments, dans la journée, où je n'ai pas de douleur. Je la ressens depuis le début de cette présentation. Et pourtant, vraiment, par rapport aux moments où je ressens une véritable douleur, je ne souffre pas. Comprenez-vous ce que je veux dire ? Quelqu'un d'autre pourrait se demander : « Comment fait-il ? Si j'avais cette douleur dans mon corps, je ne serais même pas capable de penser clairement, encore moins de donner cette présentation. »

Je ne suis pas en train d'essayer de me donner une tape dans le dos. Je vous rapporte seulement comment sont les choses. Et c'est ainsi pour nous tous. Nous vivons tous la même expérience ici. Alors, disons tout d'abord que la douleur est une expérience relative.

Dans une certaine mesure, nous souffrons presque tous, tout le temps. Lorsque les bouddhistes l'ont énoncé, ils étaient sérieux. La vie est souffrance. [rire]

Car dès que vous vous trouvez... La nature même de notre enfermement dans cette forme physique, sur un certain plan, est vraiment restrictive. La restriction est une forme tronquée de votre nature véritable. D'une certaine manière, elle est pénible. Alors, je ne veux pas éluder votre question. Je cherche seulement à la replacer un peu dans un contexte.

À présent, pour répondre plus directement à votre question – oui, une personne souffrante peut vivre des moments d'illumination considérables et une grande prise de conscience spirituelle. C'est parfois la douleur qui l'amène à cela. Car la douleur physique a pour effet de transformer nos idées sur ce qui est important. Et nous avons alors tendance à focaliser sur ce qui l'est vraiment et sur ce que nous sommes vraiment.

Je me rappelle une époque où je faisais partie du personnel d'Elisabeth Kübler-Ross. Quelqu'un sait-il qui elle est ? J'ai eu le plaisir de travailler avec elle, et ce fut une période bénie de ma vie. Et je me rappelle une visite – nous allions souvent voir des malades en phase terminale. C'était un magnifique apprentissage. Vous savez, si vous voulez vraiment apprendre, allez chez dix mourants au cours de la même semaine. Ce n'est pas là une chose que l'individu moyen aura l'occasion de faire au cours de sa vie. Une infirmière, peut-être, ou un médecin, mais les gens ordinaires n'auront sans doute pas cette occasion.

Un soir, entre autres, nous avons rendu visite à une femme en train de mourir. Elle perdait graduellement toute possibilité de se mouvoir et toute sensation dans son corps, à partir des pieds. C'était une sorte de maladie dégénérative. Et ça empirait. Et chaque fois que nous allions lui rendre visite, elle avait perdu de nouvelles fonctions. Jusqu'au jour où elle ne put utiliser sa main. Mais cela est arrivé au moment où elle tenait sa petite-fille, qui n'avait que quelques semaines. Elle a réalisé qu'elle ne pouvait plus vraiment bouger sa main comme elle en avait l'habitude. Alors, elle a dû dire : « Je ne pense pas que je devrais tenir le bébé, car je ne me sens pas aussi confiante dans ma capacité de le tenir lorsqu'il se tortille. »

Mais voici ce qu'elle a partagé avec nous là-dessus. Elisabeth lui a demandé : « Qu'est-ce que vous avez senti en perdant cette

sensation dans votre main ? Quelle impression cela vous fait-il ? »
Elle lui demandait en fait d'examiner son expérience. Et la femme
lui a répondu, avec l'expression la plus bienveillante sur le visage :
« Vous savez, la première fois que j'ai compris que ma main ne
remuait plus aussi bien qu'avant, c'est quand j'ai vu ce petit ange de
huit semaines qui levait la main... et qui se délectait de la façon
dont tout cela fonctionnait. » Et elle a ajouté : « Pour moi, c'était
comme transférer cette vie d'une main à une autre. »

Alors, je ne dis pas que c'est vraiment comme ça que ça se
passe, mais elle a pu établir cette métaphore à partir de sa
douleur – voilà un exemple parfait de ce dont je parle. En réalité,
son immobilisation, et la douleur qui l'accompagnait, l'a menée au
bord d'une prise de conscience qu'elle n'aurait peut-être jamais pu
énoncer autrement, de toute sa vie. Mais elle a vu quelque chose de
significatif, spirituellement, dans ce que nous appellerions une
perte. Alors, est-il possible que des gens endurant de grandes
douleurs aient aussi de grandes intuitions ? Je crois que oui, et
franchement, je crois que c'est plutôt courant.

Mais vous aviez une autre question, que j'ai complètement
oubliée.

*Je vous demandais quel est l'équivalent métaphysique de ce qui
« tombe en panne » dans notre corps. Y a-t-il alors quelque chose
au niveau de l'âme qui a besoin d'être guéri ?*

Étant donné l'affirmation de Dieu selon laquelle on crée
soi-même les maladies, je crois que c'est vrai. Mais franchement,
je ne pense pas que nous devrions être trop terriblement
préoccupés par cela. Et je ne suis pas vraiment d'accord avec les
auteurs qui, par exemple, expliquent un élancement dans le genou
gauche par de l'égoïsme. D'accord. Je serai moins égoïste. Ou
encore qui traduisent une douleur à l'oreille droite par un manque
de compréhension. Voyez-vous, il y a des livres qui sont plus ou
moins précis. Je ne les dénigre pas, mais je ne suis pas certain que
cela nous soit utile de nous coincer dans ce genre de relation de
cause à effet, car alors, nous pourrions nous faire mal. « Si
seulement je n'avais pas été si ceci et si cela, mon oreille ne ferait

pas aussi mal. Je vais essayer d'être plus compréhensif afin de la guérir. » Vous voyez ? Ou bien : « Si je peux être plus ceci et moins cela, comme j'avais l'habitude d'être, alors je vais guérir ma rate. »

Je crois que la relation de cause à effet, même si elle est peut-être réelle, comme l'indiquent certains de ces livres, est beaucoup plus subtile. On me l'a dit, du moins. Elle est très, très subtile, et elle est peut-être survenue il y a trente ou quarante ans. La pensée originale, la pensée racine qui a engendré ce problème de rate inopérable auquel vous êtes confronté à l'âge de quarante-cinq ans est peut-être là depuis longtemps, d'une façon beaucoup plus subtile que celle dont nous sommes actuellement conscients.

Quelle est, alors, la réponse appropriée ? Aimez-la. Acceptez-la. Ce à quoi vous résistez persiste. Commencez à l'accepter et dites : « Voici ce qui m'arrive, maintenant. Ma rate ne fonctionne pas. Je choisis d'accepter et de bénir cet état. » Et ne le condamnez pas. Permettez-lui plutôt d'être tout simplement ce qu'il est.

Ainsi, dans bien des cas, vous éliminerez l'état même. Car ce à quoi vous résistez persiste, et ce que vous assumez, vous pouvez choisir de le dé-créer. Mais même si ce que vous assumez n'est pas « dé-créable », parce que c'est là depuis trop longtemps ou que les effets sont trop énormes et que ça ne veut tout simplement pas disparaître, ce que vous pouvez dé-créer – et c'est profondément vrai –, c'est l'*impact ou l'effet négatif* que cela pourrait avoir sur votre vie. Et c'est ce que la dame a fait avec sa main, voyez-vous. Elle a vu la bénédiction dans ce qui aurait pu être une tragédie.

J'ai observé un maître que j'ai connu un petit peu dans les dernières années de sa vie – je l'ai regardé mourir. Je l'ai observé dans les quelques dernières semaines de sa vie. Et ce gars était en train de mourir d'une mort que d'autres – encore, nous y voilà – auraient trouvée très pénible, très gênante, très peu digne. Vous savez, avec un cathéter et tout le bazar. Et pourtant, ce maître enseignait à tous ceux qui venaient le voir quotidiennement. De quatre à huit étudiants par jour venaient voir ce gars mourir. Et il fallait prendre rendez-vous ! Il en riait. « Vous savez, je suis plus occupé maintenant que lorsque j'étais en parfaite santé. »

Et il savait, tout comme – Dieu le bénisse – le cardinal Joseph Bernadine, de Chicago. Écoutez, le cardinal Bernadine savait : « J'ai un autre cadeau à donner. Dans une vie comblée par le don de qui je suis, j'ai un autre cadeau à offrir. Même ma mort sera une affirmation de la vie. Même mon départ sera une affirmation de la grande arrivée. Même ma douleur sera une affirmation de la plus grande joie de la vie. »

Ce gars était un maître, et j'ai appris de lui comment mourir avec grâce. Il a été capable de me l'enseigner parce que, même s'il ne pouvait pas mettre de côté les effets sur son corps des décisions antérieures de sa vie, *il n'en avait pas besoin*. Car les effets sur son corps n'avaient rien à voir avec les effets sur son esprit.

Et lorsqu'on lui demandait : « Ressentez-vous un malaise ? », il nous regardait souvent en répondant : « Oh, juste un peu. » Et on ajoutait : « Comme c'est brave, comme c'est stoïque. » En vérité, il ne mentait pas. Il était un peu mal en point, alors que j'aurais pu tirer beaucoup d'inconfort de la même expérience. Parce qu'il était passé à un espace de maîtrise et qu'il permettait très rarement aux expériences physiques de sa vie de dicter qui il était à ce moment. C'était très fort chez lui. Et nous avons tous connu des gens qui sont morts avec autant de grâce. Non seulement avec dignité, mais en donnant beaucoup aux autres.

Je vais vous raconter une dernière histoire sur une personne qui est morte de cette façon. Ma mère était une sainte. La mère de chacun est une sainte, mais la mienne était la sainte mère originelle de tous les temps. Elle l'était vraiment. Et je me rappelle très clairement le jour et le moment de sa mort. À ses derniers instants, on a appelé d'urgence le prêtre de la paroisse locale. Ce gars avait à peine un peu plus de dix-neuf ans. Il me semble qu'il était encore imberbe. Mais il était là, frais émoulu du séminaire. Il était très clair pour nous tous que c'était la première fois de sa vie qu'il administrait les derniers sacrements de la très sainte Église catholique romaine, car il gigotait avec son scapulaire et avec toutes les huiles et tous les objets rituels. Je ne dis pas ça pour en rire, car le rituel tient une grande place dans notre expérience collective. Soyons clairs là-dessus. Mais ce jeune prêtre n'avait jamais procédé à ce rituel précis dans la vraie vie, avec une personne mourante. Et il se trouvait là et il allait pénétrer dans la chambre de ma mère. Il est donc entré dans l'unité des soins intensifs et, quelques instants plus tard – dix ou quinze minutes –, en est ressorti pâle comme un drap. J'ai lancé : « Quoi ? Quoi ? Qu'est-ce qui est arrivé ? »

Il a répondu : « Eh bien, je ne savais pas si je faisais tout cela correctement. Et je me suis trompé d'huile tout en essayant de faire cela comme il faut. Et votre mère m'a regardé en disant : "Mon père, relaxez. Vous ne pouvez pas faire d'erreur avec ça. C'est votre intention qui compte. Ce que vous apportez à l'instant. C'est votre pensée qui compte, pas ce que vous faites." » Et il m'a regardé, les larmes aux yeux, en ajoutant : « Votre mère me consolait en mourant. »

Alors, je vous dirai que la mort n'est pas nécessairement tragique. Et j'espère seulement que lorsque je mourrai, cela pourra avoir un tout petit peu de cette grâce. Juste une particule de ce genre de sagesse.

Vous savez, j'ai une question sur le programme de l'âme. Elle réfère à l'idée que, sur un certain plan, nous planifions les lieux, les choses et les gens avec lesquels nous allons nous engager en cette vie. J'aimerais seulement savoir. Pouvez-vous faire un commentaire en regard de l'idée qu'il n'y a pas de hasards ? Avons-nous déjà planifié cela à un certain niveau ?

Oui. Eh bien, on m'a dit que notre âme a vraiment un programme en arrivant dans le corps et que ce programme est partagé. Et en fait, je veux que vous sachiez tous qu'aucun d'entre nous n'est ici dans cette salle par hasard. Sur un plan très très élevé, nous avons tous décidé d'être ici en ce moment et à cet endroit. Alors, nous pourrions nous en rendre compte une fois de plus et nous apporter un soutien mutuel afin d'être qui nous sommes vraiment.

Et nous voici. Nous avons un pacte. Nous avons conclu un accord et nous respectons notre part de cet accord, tout en agissant mutuellement comme nous le faisons aujourd'hui.

C'est vrai, d'ailleurs, des gens qui sont gentils les uns envers les autres et des gens qui ne le sont pas. La véritable sainteté et la réelle maîtrise consistent à remarquer qu'il n'y a ni victimes ni méchants et que la personne qui vous persécute est tout simplement en train d'exécuter un accord conclu à un niveau tout à fait différent, afin que vous puissiez exprimer et éprouver – annoncer, déclarer, devenir puis accomplir – Qui Vous Êtes Vraiment. C'est pourquoi tous les maîtres ont dit : « Ne jugez pas, ne condamnez pas. »

Alors, oui, chacun de nous s'est embarqué pour un voyage que nous appelons cette vie. Et c'est un voyage, une destination – nous avons déjà déterminé la destination, mais pas la manière dont nous allons y arriver. Il n'est pas garanti, non plus, que nous arriverons vraiment à cette destination. Nous aurons tout simplement une idée de l'endroit où nous aimerions aller et de ce que nous aimerions y faire. Mais il n'y a aucune prédestination au sens où nous serions assurés d'arriver là. Et il n'est pas non plus garanti que la façon dont nous allons y arriver sera suivie avec exactitude.

À partir de chaque occasion qui nous échoit, nous avons une chance de faire avancer notre programme. Si nous ne le faisons pas avancer, nous créons en fait d'autres occasions, continuellement, jusqu'à ce que nous y arrivions. Avez-vous déjà remarqué des patterns récurrents dans votre vie ? Alors, continuez tout simplement, sans arrêt, jusqu'à ce que vous y arriviez. Vous allez, par exemple, continuer d'attirer la même personne cinq fois s'il le faut.

Avez-vous entendu ce que je viens de dire ? J'ai personnellement épousé la même personne cinq fois dans cinq corps différents – jusqu'à ce que je finisse par comprendre ce que j'étais censé saisir là-dessus. Ainsi, j'ai enfin été capable de ne plus épouser cette personne. Et il en a été ainsi d'autres gens et événements de ma vie. Affronter les mêmes genres d'événements, encore et encore, jusqu'à ce qu'enfin je sache ce que cela voulait dire. Alors, nous allons dépasser ce pattern et attirer dans notre expérience exactement le genre de gens, de lieux et d'événements dont nous avons besoin pour produire les résultats que notre programme appelle. Et ce ne sera peut-être pas complet dans cette vie-ci. En fait, je serais surpris que ce le soit. Mais ça n'a pas d'importance, car vous aurez une autre vie, et une autre encore et encore, jusqu'à la fin des temps, qui n'ont absolument pas de fin. En somme, ça va seulement continuer, à jamais et même davantage. N'est-ce pas délicieux ?

Le tome 3 des Conversations *avec Dieu parle d'êtres hautement évolués. Devrions-nous essayer d'agir comme eux ?*

Il y a dans l'univers des êtres hautement évolués. Je les appelle les EHE. Ces êtres ont appris à coexister avec la nature et l'univers qui les entourent, joyeusement et harmonieusement. À vivre une vie largement dépourvue de douleur et de lutte. Voici comment ils y sont parvenus. C'est une approche que nous pourrions adopter ici, sur cette planète, si nous le choisissions.

La plupart de ces gens vivent présentement hors de notre planète. Je n'ai pas observé un grand nombre d'êtres hautement évolués sur la Terre – à l'exception possible des représentants au Congrès américain.

C'était une blague.

Voici comment fonctionnent des êtres hautement évolués. Ils agissent selon un système très simple. Ils observent ce qui se passe et le disent. En d'autres mots, pour simplifier, j'observe ce qui se passe. Vous êtes assis là, sur une chaise, et nous parlons ensemble. Ou bien j'observe ce qui se passe dans la société : la télévision est bourrée de violence et les enfants passent beaucoup de temps à la regarder puis reproduisent ensuite ces comportements. Voilà seulement ce qui se passe. Ou encore : le tabac peut causer le cancer. Et parce qu'il peut causer le cancer, ce n'est peut-être pas la chose la plus saine du monde à ingérer ou à fumer. Voilà seulement ce qui se passe. Alors, je constate tout cela et je le dis. Je dis tout simplement la vérité là-dessus.

Sur cette planète, la plupart des gens qui remarquent ce qui se passe refusent de le rapporter. En fait, ils disent parfois le contraire de ce qu'ils voient, par peur d'offenser quelqu'un ou de révéler quelque chose d'eux-mêmes qu'ils ne veulent pas dévoiler. Ainsi donc, sur la Terre, nous observons ce qui se passe, puis nous mentons à ce propos. C'est là un comportement courant chez la plupart des gens et très fréquent dans nos institutions politiques, religieuses et autres.

S'il n'est pas acceptable, dans les sociétés hautement évoluées, que les enfants se comportent avec violence, alors elles font ce qui fonctionne et retirent les influences violentes durant les années de formation de leurs enfants. Par conséquent, dans une société hautement évoluée, il serait impensable de placer des jeunes devant des petites boîtes carrées pendant quatre à huit heures par jour et de les exposer aux genres mêmes de comportements que nous leur demandons de ne pas manifester. Vous voyez, c'est vraiment plutôt simple. C'est tellement simple que c'en est presque risible.

Dans notre société, nous faisons un nombre étonnant de choses qui ne riment à rien. Et ce n'est pas parce que nous ne le savons pas. La folie, c'est de savoir clairement qu'elles ne fonctionnent pas et de les faire quand même. Par exemple : nous savons que ce n'est pas cohérent de placer, plusieurs heures par jour, des enfants devant cette boîte où l'on manifeste des comportements violents et de nous attendre à ce que les enfants ne reflètent pas ces comportements. Nous savons que ça ne donne pas de bons résultats, mais nous le faisons tout de même.

Nous savons que ça ne fonctionne pas de déverser dans notre système politique d'énormes sommes d'argent provenant de groupes d'intérêt et de nous attendre à ce que notre système politique manœuvre ensuite avec impartialité. Nous le savons, mais nous le faisons quand même.

Nous savons qu'il n'est pas possible de consommer d'immenses quantités de viande rouge chaque jour de notre vie et de nous attendre à ce que notre corps réagisse d'une façon saine. Nous savons que ça ne marche pas, mais nous le faisons quand même. Nous savons à l'avance qu'il est dangereux d'ingérer de la fumée et des substances cancérigènes dans notre système, et pourtant nous le faisons. Et je me contente ici d'énumérer quatre ou cinq exemples, mais je pourrais vous en donner des centaines – probablement, en y réfléchissant, des milliers.

Alors, l'être intelligent doit demander : pourquoi ? Pourquoi continuons-nous de faire ces choses qui, nous le savons, ne fonctionnent tout simplement pas ? Et la réponse est la suivante : je ne pense pas que nous ayons le courage de nos convictions. Je crois que nous sommes plus enclins à dire une chose et à en faire une autre. Je ne crois pas que nous soyons vraiment engagés dans l'expression de la version la plus élevée de qui nous sommes vraiment. Je crois que nous sommes des êtres très immatures.

En tant qu'êtres conscients dans l'univers, nous sommes vraiment plutôt primitifs. Nous n'avons tout simplement pas la volonté de faire le choix le plus élevé. Mais nous y arrivons. Nous commençons à changer. Nous voyons un changement à ce propos, puisqu'un nombre de plus en plus grand de gens mettent en question ce dont je parle. Et à présent, nous voyons enfin, sur la planète, un leadership spirituel et moral : nous sommes capables de nous lever et de dire, de plus en plus nombreux : « Eh ! Ça ne fonctionne pas. Ça ne va tout simplement pas.» Alors, pourquoi ne pas faire une chose intéressante, c'est-à-dire arrêter, tout simplement ?

Voudriez-vous parler du rôle de la femme et, par-delà, du féminin, dans le nouveau millénaire ?

Eh bien, c'est un sujet immense. Et je ne suis pas tout à fait certain, de ce que vous voulez exactement savoir là-dessus. Je vais donc commenter, à partir de ce que je comprends et de ce que je connais. À un moment donné de notre histoire, sur la planète, nous étions largement dominés, dans les structures de pouvoir de notre société, par ce que j'appellerais l'énergie féminine. Durant le matriarcat, c'était la femme qui dirigeait les institutions et qui prenait une grande part des décisions. Et ça a continué, non pas pendant une courte période de temps, mais pour une période plutôt longue. Puis, après plusieurs milliers d'années, il y eut une sorte de changement de paradigme, et nous avons abouti à ce que j'appellerais le patriarcat, où les hommes prirent largement les décisions, dirigèrent les institutions et créèrent les lieux de pouvoir, et ainsi de suite. Dans chacun de ces paradigmes, un processus engageait l'autre.

Maintenant, à l'approche du nouveau millénaire, nous voyons ce troisième paradigme, celui que nous avons tous attendu pendant ces milliers d'années – cette nouvelle construction dans laquelle les hommes et les femmes se trouveront conjoints et où les rôles qui séparaient traditionnellement les hommes des femmes ne seront plus (Dieu merci) clairement définis, ou spécifiquement assignés par le sexe.

Le pouvoir est partagé et le sera de plus en plus, entre les hommes et les femmes, au cours des années qui viennent, alors que nous marchons tête première vers le XXIe siècle. Et (Dieu merci) nous verrons de plus en plus de femmes dans des lieux d'influence, de pouvoir et d'autorité, de créativité ayant des répercussions dans notre société et dans le monde.

Nous commençons à le voir maintenant, et un jour viendra où nous aurons, comme je l'ai mentionné au cours d'une conversation précédente, une présidente américaine, une papesse (si nous le voulons) et des femmes à tous les postes jadis réservés aux hommes dans la société humaine. Et béni soit ce jour. Ainsi, presque au hasard, des hommes et des femmes détiendront ce genre de positions. Et nous nous en trouverons bénis, car nous aurons véritablement atteint un équilibre.

C'est un équilibre que nous cherchons depuis très, très longtemps. Et dans le plan général des choses, dans l'histoire de l'univers (au niveau universel), cet équilibre a été atteint relativement vite.

Vous savez, plusieurs millénaires, c'est relativement rapide dans l'histoire de l'univers, qui a des milliards d'années. Alors, assez rapidement, l'*Homo sapiens* s'est trouvé ici, puis là, et maintenant, il atteint peu à peu un équilibre. Bien que, dans notre expérience particulière, cela semble avoir pris un temps très, très long, ce n'est qu'un clin d'œil, un soupir, dans la vie de l'univers. En définitive, nous avons maintenant trouvé, ou nous commençons à trouver, ce lieu d'équilibre. Et nous le constatons en politique, dans nos compagnies, vraiment partout. Je suis enchanté, quand je prends l'avion, partout en Amérique, de voir des agents de bord de sexe masculin. Ce qui était une occupation strictement féminine, pour des raisons que je n'ai jamais vraiment comprises, est maintenant aussi l'affaire des hommes.

Mon dentiste est une femme, et elle est merveilleuse. Pourtant, quand j'avais cinq ou dix ans, je ne pense pas qu'il y ait eu une femme dentiste sur mille hommes dans cette profession. Alors, nous voyons petit à petit ce changement entre les sexes et les professions, et ainsi de suite. Un jour, nous pourrions même nous permettre d'avoir des femmes prêtres. Ne serait-ce pas beau, même dans les églises orthodoxes, où des femmes rabbins et des femmes pasteurs agiraient à ce titre ?

Bientôt, nous partagerons ces lieux de pouvoir dans les plus vénérées de nos institutions (nos religions, notre politique) et dans d'autres postes d'influence. Comme je l'ai dit, béni soit ce jour. Car nous avons vécu une demi-vie.

Dieu sait que les hommes n'ont pas très bien dirigé cette planète ces derniers quelques milliers d'années. Nous n'avons pas été très efficaces. Et nous avons besoin de ce genre d'équilibration par l'entremise de l'énergie féminine d'intuition, de patience, de compassion, de conscience profonde et de sensibilité extraordinaire à l'expérience humaine. Cela fait partie de l'expérience féminine et de l'énergie féminine en chacun de nous. Et j'espère que nous la nourrirons. Et que nous continuerons de lui permettre de s'épanouir en tant que partie intégrante de la plus grande mesure de qui nous sommes.

Comment avez-vous découvert qui vous étiez ?

Pour la plupart des populations sur la Terre, la survie quotidienne n'est plus le souci premier. Ça l'est pour certains – franchement trop nombreux –, mais plus pour la plupart. Alors, quel est maintenant le souci premier ? La question clé devant la race humaine, à présent, n'est pas de savoir comment survivre, mais qui survit ? Je veux dire : qui suis-je vraiment ? La personne intelligente cherche à connaître, se meurt de savoir. Ce n'est pas une question vide. C'est une question importante, car la plupart des gens ne savent absolument pas qui ils sont. Jusqu'à très, très récemment, je ne savais absolument pas qui j'étais.

Vous savez, quand j'avais seize ans, je croyais que j'étais mes cheveux. C'est vrai. J'étais tellement certain de cela que si mes cheveux n'étaient pas exactement comme il le fallait le matin, je jetais la brosse dans le lavabo et refusais d'être vu en public, parce que personne ne saurait qui je suis, vous voyez.

En fait, ça n'a pas beaucoup changé au fil des années. Je me réveille parfois le matin en pensant encore que je suis mes cheveux. Vous voyez ce que je veux dire ?

Mais à dix-huit ans, j'ai compris que je n'étais pas mes cheveux. J'ai atteint ma dix-huitième année rempli de la sagesse de cette période de ma vie. Et je me suis dit : « N'est-ce pas stupide de m'être pris pour mes cheveux ! Bien sûr que je ne suis pas mes cheveux. » À dix-huit ans, je connaissais la vérité : j'étais ma voiture. Je le *savais*, parce que je pouvais deviner que les autres jeunes me percevaient en fonction de la voiture que je conduisais. Un jour, ma voiture est tombée en panne, et mon père m'a dit : « Eh bien, prends ma voiture. Tu peux la prendre pour la soirée. »

J'ai répondu : « Es-tu fou ? Je ne voudrais pour rien au monde qu'on me vois dans ton auto. » Je voulais dire : personne ne saurait *qui je suis.*

Mon père conduisait une Oldsmobile.

Aujourd'hui, j'en conduis une.

Tel père, tel fils.

Mais quand j'ai eu vingt et un ans, j'ai dépassé tout ça. Une grande sagesse m'a habité. Et j'ai réalisé que je n'étais pas mes cheveux ni ma voiture. Tout cela était débile, bien sûr. À vingt et un ans, j'ai su la vérité : j'étais mes petites amies.

Et je veux que vous sachiez que j'ai très longtemps joué le jeu appelé « Je suis mes petites amies ». C'était un jeu délicieux. Et je *savais* que j'étais mes petites amies. Je sentais les pensées des gens qui m'entouraient dans la pièce. J'avais conscience des changements dans mes *propres* pensées, mes propres idées sur moi-même, selon qui j'avais, ou non, à mon bras.

Alors, j'ai vécu « Je suis mes petites amies » pendant très longtemps. Puis, un jour, en me réveillant, je me suis dit : « Minute, je ne peux pas être mes petites amies, je dois avoir un problème de personnalités multiples. » Car, voyez-vous, j'en avais tellement ! Alors, j'ai réalisé qu'il devait y avoir quelque chose de plus grand que moi. Qui suis-je ? Qui suis-je ? me demandai-je. Le mental veut tellement savoir.

Et c'est devenu clair pour moi. Oh, je devais être à la fin de la trentaine ou au tout début de la quarantaine. Et soudain, ça m'est apparu, bien sûr, et je sais à quel moment c'est arrivé, parce que mon père l'a remarqué et a dit : « Mon gars a fini par grandir. » Parce que j'ai décidé – et toutes mes actions l'indiquaient à partir de ce moment – d'être mon emploi, comme en conviennent bien des hommes à ce moment de leur vie, et certaines femmes aussi. Mon Dieu, j'ai joué ce jeu tellement à fond ! J'étais mon emploi. Savez-vous de quoi ça avait l'air dans ma vie ? Ça ressemblait à : Hé ! c'est mon travail ; je dois y aller, je n'ai pas le choix.

Puis, une fois encore, je me suis réveillé de cette fausse réalité. Un jour, je me suis regardé et j'ai dit : « Minute. Ça ne peut pas être mon emploi. J'ai été congédié sept fois. Qui suis-je donc, si je ne suis pas mon emploi ? »

Et la réponse est finalement arrivée. « Bien sûr, je ne suis pas mes petites amies ni mon travail et je ne suis pas ma voiture. Je suis ma famille. Non ? » Ce jour-là, ma *mère* a dit : « Il a fini par grandir. » Parce que je revenais à la raison. Je restructurais mes valeurs. Et j'ai joué le jeu appelé « Je suis ma famille ». J'étais mes enfants, mon épouse et mes proches. Voilà qui j'étais. Et j'ai joué ce jeu à fond, aussi.

Ça ressemblait à ceci : je n'ai pas accepté d'emploi dans une autre communauté, je me rappelle bien, parce que ça n'allait pas être bon pour ma famille. J'ai même refusé d'acheter une maison que j'aimais et qui était à quelques rues seulement, parce qu'elle ne se trouvait pas dans le bon district scolaire. Alors, j'ai fait quelques choix de vie immenses, voyez-vous. J'ai pris des décisions majeures fondées sur l'idée que j'étais ma famille.

Puis, un jour, je suis revenu chez moi après un travail que je méprisais, dans la vie de désespoir tranquille que je menais, j'ai ouvert la porte de ma maison et l'ai trouvée complètement vide – pas seulement de gens, mais aussi de meubles.

Devant cela, vous savez que quelque chose ne va pas ; je me rappelle très bien ce moment. C'est mon histoire, en passant. Je n'invente rien. Et je me rappelle cet instant comme si c'était hier. J'ouvre la porte. L'endroit est vide. Et ma première pensée est celle-ci : « Mon Dieu, on nous a cambriolés. » Mais personne n'arrive chez vous au milieu de la journée pour prendre les meubles. Et puis, ils n'avaient pas tous disparu. J'ai regardé et... j'ai vu, là dans le coin, une vieille chaîne stéréo que j'avais apportée après mon mariage. Et il y avait la table basse que j'avais également apportée ; elle datait de ma vieille époque de célibat. Et quelques-unes de mes autres choses traînaient. C'est alors que j'ai réalisé qu'une partie seulement des meubles manquaient.

Et j'ai compris ce qui était arrivé. Mais je ne le croyais pas encore. J'ai couru en haut vers la chambre des maîtres et j'ai ouvert brusquement « son » côté du placard. Tous ses vêtements manquaient. J'ai ouvert brusquement mon côté du placard. Tous mes vêtements étaient encore là. C'est alors que j'ai su l'affreuse vérité. Le cambrioleur était une femme.

Voyez-vous, il est étonnant de constater à quel point l'esprit vous empêche de voir ce qui se trouve droit devant vous. Je ne pourrais plus en rire dorénavant. Je suis descendu et je suis resté là, sur la moquette du living-room presque vide, et j'ai pleuré. « Mon Dieu, que veux-tu de moi ? Et qui suis-je ? »

Je pensais être tout cela. Mais maintenant, tout cela était parti. Qui suis-je ? C'est là le cri éternel de l'âme humaine. Qui suis-je ?

Et la réponse n'est pas à l'extérieur de nous. De toute évidence, elle ne se trouve pas dans les gens, les lieux et les choses de la vie. Elle réside à l'intérieur. Et c'est tout le message de *Conversations avec Dieu*.

Je voudrais d'abord dire que j'ai vraiment aimé les trois tomes. Ils sont si étonnants. Et ma question se rapporte à l'idée de l'âme. L'âme s'inscrit dans un parcours d'évolution par opposition à l'idée qu'elle est complètement absorbée dans l'absolu, qu'il n'y a plus d'évolution. Ce dont vous parlez semble être une expansion du voyage qui devient plus riche, plus dynamique. Les paysages sont plus vastes. Et l'idée dont vous parlez... cette possibilité de transcender cela et de sortir de l'existence, ou ce que nous appelons le processus de l'évolution... Pourriez-vous en reparler ?

On ne peut pas sortir d'un processus d'évolution. C'est littéralement impossible. Le cas échéant, vous sortiriez complètement de Dieu, puisque Dieu est un processus. Dieu n'est pas un être ; il est un processus.

Dieu est le processus de la vie même que nous appelons évolution. Et puisqu'il n'est pas possible de sortir complètement de Dieu, il n'est pas possible de sortir complètement de l'évolution. Par conséquent, notre évolution, celle de nous tous, qui est Dieu, le divin collectif, ne finit jamais. Dieu a toujours été, est, et sera toujours, dans les siècles des siècles.

En terminant

Ce que j'ai appris de la vie, c'est que la vie sainte est une vie intégrale. Depuis vingt-cinq ans, je cherche des façons de vivre en tant que personne totale, en tant qu'être intégré. La première chose que je suis arrivé à comprendre à propos de cela, c'est que pour vivre une vie intégrale, je dois m'intégrer beaucoup plus dans mon environnement. En d'autres termes, je dois ne faire qu'un avec lui et le traiter comme s'il était une partie de moi et non une chose dont je suis séparé ou qui était séparée de moi.

Faire l'expérience d'une vie holistique, cela signifie être conscient de faire partie d'un *système entier*, d'une *idée entière*, d'une *réalité entière* et du fait que tout ce que je pense, dis et fais affecte cette réalité ; en effet, sur un certain plan, cela la crée. Je ne peux plus faire comme si telle chose n'avait rien à voir avec telle autre. Comme si le fait de fumer ou de consommer de la viande rouge à chaque repas n'avait rien à voir avec ma santé. Comme si la qualité de l'air qui m'entoure, par exemple, n'avait rien à voir avec la qualité de ma vie. Comme si ma façon de penser, de parler et d'agir n'avait rien à voir avec mon expérience de l'avenir. Comme si ma relation avec mon environnement n'avait rien à voir avec ma durée de vie et ma survie même.

C'est ainsi que je vivais avant de comprendre ce que voulait dire le mot *holistique*. Je ne comprenais pas ce que les sociologues appellent la Théorie générale des systèmes. Je ne saisissais pas les implications du fait que j'étais une des dents d'engrenage de chaque grande roue. En cela, j'ose dire que je ne suis pas différent de bien des gens. De la plupart des gens, peut-être.

Même aujourd'hui, malgré l'augmentation de notre degré général de conscience, il semble y avoir une immense coupure, chez bien de gens, entre les choix, les décisions et les actions du moment, et leurs effets à long terme. Mais vivre de façon holistique, c'est tenir compte de tous ces effets à long terme. C'est devenir Un avec notre Dieu, avec notre environnement, avec nos compagnons lors de ce voyage extraordinaire sur terre, et avec nous-mêmes.

En fait, beaucoup d'entre nous ne sont pas intégrés. Autrement dit, nous sommes *dés*intégrés. Nous craquons. Nous tombons en pièces. Tout comme l'environnement dans lequel nous vivons notre vie désintégrée.

Maintenant, enfin, nous sommes au moins en train de devenir conscients de notre condition, et nombre d'entre nous décidons de ne pas participer, repensons notre choix et recréons en nous-mêmes, à nouveau, la prochaine version la plus grandiose de la plus grande vision que nous ayons jamais entretenue de Qui Nous Sommes. J'aimerais ici partager avec vous quelques ressources qui, je crois, peuvent être merveilleusement utiles au moment d'entreprendre le processus de reconstruction de notre réalité collective au XXIe siècle.

Dans cet esprit, laissez-moi vous parler de l'Institute of Ecolonomics, l'œuvre de Dennis Weaver. Dennis a créé le mot *écolonomie* en joignant les mots écologie et économie. À son avis, l'une des choses qui manquent aujourd'hui sur cette planète, c'est une nouvelle façon de cultiver notre économie qui préserve et protège notre écologie, et une nouvelle façon de protéger notre écologie qui préserve et cultive notre économie.

Comme dans tous les domaines du système entier de la vie, nous ne pouvons pas agir dans un domaine sans qu'il ait un effet sur l'autre – même si nous faisons semblant du contraire depuis bien des années déjà.

Le rêve de Dennis, et de milliers de gens de tout le pays et du monde entier qui se joignent maintenant à lui, c'est de voir l'écolonomie devenir un nouveau mode de vie ; de la voir vraiment enseignée dans nos écoles, en tant que matière y ayant sa place.

(En fait, plusieurs collègues sont devenus si enthousiastes à propos du travail de Dennis qu'ils conçoivent actuellement des cours d'écolonomie. Bientôt, des diplômes d'écolonomie seront offerts.) Entre-temps, cet institut favorise en priorité l'éducation publique, le partage et la promotion d'initiatives de pointe ainsi que l'engagement de leaders du monde des affaires, de l'industrie et du mouvement écologique dans des entreprises coopératives. Si vous voulez en savoir davantage sur la façon dont vous pourriez aider Dennis Weaver (et son amie, la Terre), vous pouvez le rejoindre à l'adresse suivante :

The Institute of Ecolonomics
P.O. Box 257
Ridgway, Colorado 81432
USA

Puisque nous nous lions d'amitié avec notre environnement, nous devons aussi nous lier d'amitié les uns avec les autres. Nous devons dépasser nos différences, reconnaître notre interconnexion et comprendre que le système entier ne fonctionnera pas si les individus qui le forment ne se parlent même pas.

Parce que je sais cela, je suis enthousiaste quant au travail de l'Ashland Institute, qui fait partie du réseau émergent de praticiens qui découvrent le « dialogue » en tant que pratique spirituelle. Le dialogue est une manière d'être ensemble qui fait la lumière sur les puissantes pensées racines que *Conversations avec Dieu* décrit comme des guides pour notre société.

Le terme « dialogue », tel qu'il est utilisé par l'Ashland Institute, décrit un processus précis qui fait apparaître les tensions des polarités, les contradictions et les paradoxes qui remplissent notre expérience humaine, ouvrant une passerelle sur un courant de signification plus profond dans lequel on peut soutenir – et guérir – l'apparente cassure du monde.

Par son travail, cet institut pose un certain nombre de questions profondes : Et si notre population était parsemée de petits cercles enthousiastes dans lesquels les gens décortiquent les structures et les conceptions par lesquelles ils se définissent ? Et si Dieu pouvait marcher et parler entre amis à travers la qualité de notre sentiment et l'origine de nos mots ? Et si le dialogue n'était pas « inhabituel », mais courant, parce que nous avons dorénavant appris à nous écouter vraiment – au-delà des mots et des apparences – nous-mêmes et les autres, et à entendre ce que la vie elle-même veut nous exprimer ?

Selon *CAD*, le dialogue avec Dieu ne finira jamais. La pratique du dialogue est l'incarnation d'une rivière éternelle dans laquelle nous nous trouvons toujours. Mais la grande partie de notre expérience humaine semble desséchée et séparée ; les rigidités habituelles des croyances et la dureté du cœur nous font oublier les courants désaltérants dans lesquels nous nageons, jour après jour. L'Ashland Institute a été créé comme un « lieu de rappel » pour aider les gens à faire à nouveau l'expérience de la rivière.

Les fondateurs de l'Institut ont organisé et participé à plusieurs cercles informels d'amis qui se rencontrent régulièrement depuis des années, mettant au point une capacité collective de réfléchir aux choses qui nous importent le plus et créant l'expérience communautaire à laquelle rêvent un si grand nombre d'entre nous. Ils ont aidé bien des organisations et des entreprises à développer des cercles de leadership dans lesquels peuvent être abordées les racines de problèmes complexes et où les vieux modèles de « leadership par ordre et contrôle » font place à la sagesse de la vision collective.

Ils se sont assis avec des hommes et des femmes de courage dans la quarantaine, la cinquantaine, la soixantaine et même avec des septuagénaires, pour assumer leur peine, redéfinir la vieillesse, découvrir la vérité des aînés et établir une nouvelle relation avec la mort. Ils ont ouvert des dialogues à la demande de pasteurs et de prêtres, se rencontrant en conciles privés pour traiter de dilemmes hautement personnels semant la discorde et portant sur l'homo-sexualité et l'Église. Ils sont entrés en dialogue avec des gens de traditions spirituelles nombreuses et variées, aidant à créer un changement pour passer d'une dépendance envers un foyer d'inspiration unique au respect et à la coordination des perceptions mûres de bien des gens. Ils ont rassemblé des couples qui en rencontraient d'autres, élaborant un champ essentiel dans lequel des relations en évolution peuvent être clarifiées et trouver le repos.

Nous parlons ici des pratiques d'écoute profonde, de l'abandon de façons de penser, du remplacement des blessures du cœur, de l'adoption de la diversité, de la prière collective, du profond respect envers le monde naturel, de l'expression artistique et du fait de renouer avec le pouvoir de créer au nom de la vie même. Les sujets des dialogues varient, mais le processus fournit toujours un portail à travers lequel Dieu peut parler. Pour plus d'information sur ce travail en émergence, contacter :

The Ashland Institute
P.O. Box 366
Ashland, OR 97520
Tél. : (541) 488-0003
E-mail : tai@mind.net

Dans une vie holistique, même lorsque nous nous lions d'amitié avec notre environnement et les gens qui s'y trouvent, nous devons nous lier d'amitié avec nous-mêmes. Nous devons partir d'un nouvel état d'être, d'une nouvelle clarté à propos de qui nous sommes et de qui nous choisissons d'être, et d'une nouvelle détermination à en faire la démonstration dans le monde. Lorsqu'un état d'être élevé se transforme en action dans le monde physique, la lutte disparaît de notre vie. Nous avons intégré nos soi intérieur et extérieur.

Les relations

Être en relation est l'expérience la plus importante de notre vie. Sans cela, nous ne sommes rien.

Littéralement.

Voilà pourquoi, sans quelque chose d'autre, *nous* ne sommes rien.

Heureusement, aucun d'entre nous n'est dépourvu de relations. Car nous sommes tous, tout le temps, en relation avec chaque chose et avec chaque personne. Nous sommes en relation avec nous-mêmes, avec notre famille, avec notre environnement, avec notre travail, les uns avec les autres.

En fait, tout ce que nous savons et vivons à propos de nous-mêmes, nous le comprenons dans le contexte créé par nos relations. Voilà pourquoi toutes les relations sont sacrées. Quelque part, au tréfonds de notre cœur et de notre âme, nous le savons. Voilà pourquoi nous désirons tant entretenir des relations – et voulons qu'elles soient significatives. Et voilà pourquoi elles nous donnent tant de difficultés. D'une certaine manière, il nous faut en connaître très clairement l'enjeu. Par conséquent, nous les redoutons. Des gens normalement confiants, compétents, tâtonnent et tombent, décrochent, s'effondrent et crient à l'aide.

En effet, rien n'a causé plus de problèmes à notre espèce, provoqué plus de douleur, produit plus de souffrance ou engendré plus de tragédies que ce qui était destiné à nous apporter notre plus grande joie – nos relations les uns avec les autres. Ni individuellement ni collectivement, ni socialement ni politiquement, ni localement ni mondialement n'avons-nous trouvé moyen de vivre en harmonie. Nous jugeons tout simplement très difficile de nous entendre – sans parler de nous aimer mutuellement.

De quoi s'agit-il ? Que se passe-t-il ? Je crois le savoir. Ce n'est pas que je sois une sorte de génie, remarquez, mais je regarde autour de moi et je m'interroge là-dessus.

Ce que Dieu nous livre, dans *CAD*, c'est que la plupart d'entre nous entrons en relation pour les mauvaises raisons. C'est-à-dire pour des raisons qui n'ont rien à voir avec notre objectif général dans la vie. Lorsque notre raison d'être en relation est alignée sur la raison d'être de notre âme, non seulement nous comprenons que nos relations sont sacrées, mais cela les rend également joyeuses.

Des relations joyeuses. Pour beaucoup trop de gens, cette expression ressemble à un oxymore – à une proposition contradictoire constituée de deux termes qui s'excluent mutuellement. À quelque chose du genre « intelligence militaire » ou « gouvernement efficace ». Mais il est *vraiment* possible d'avoir de belles relations, et les idées extraordinaires des *Conversations avec Dieu* nous indiquent comment y arriver.

Abordons, si vous le voulez bien, le sujet des relations humaines, cette chose avec laquelle certains d'entre nous avons tant d'ennuis. D'après ce que je comprends, personne, ici, n'a éprouvé de problèmes à ce sujet, mais d'autres en ont eu. Et comme vous le savez, si vous avez lu les textes sortis de ma plume, je suis parmi ceux qui ont eu des difficultés considérables dans leurs relations – à les faire fonctionner, à les faire durer et, certainement, à leur donner un sens quelconque dans la vie.

Jusqu'à ces derniers temps, je n'avais jamais vraiment compris à quelle condition des relations fonctionnent et leur raison d'être dans ma vie. Pour ma part, grosso modo, je me suis trouvé entrer en relation pour toutes les mauvaises raisons.

En général, j'entrais *dans* des relations en gardant un œil sur ce que je pourrais en *tirer*. Et je ne suis même pas sûr d'avoir voulu m'avouer cela au moment où j'entrais dans ces relations. En d'autres mots, je ne l'aurais probablement pas articulé de cette manière, car je ne voulais pas me connaître. Je ne me serais pas demandé : « Mais qu'est-ce que j'essaie de tirer de ça ? » Je n'aurais sans doute même pas pensé de cette façon. Mais je remarquais que c'était là que je voulais en venir, dès que je cessais de tirer de la relation ce que j'espérais aller y chercher. Dès que je cessais de puiser dans cette relation ce que j'espérais y trouver, *je* voulais en sortir.

Ce pattern, je l'ai entretenu pendant presque toute ma vie adulte. Je sortais de relations dont je ne recevais rien de ce que je voulais. Me suivez-vous ? Et j'entamais une relation après l'autre. Très rapidement. À l'époque, je vivais une monogamie en série, soit une relation après l'autre, sans arrêt, à chercher continuellement la bonne et parfaite compagne qui pourrait enfin me combler. Qui pourrait peut-être voir qui j'étais vraiment et m'amener dans un espace de bonheur.

J'étais alors ouvert à un marché équitable. Ce n'était pas que je ne voulais pas paraître attirant pour une autre. Bien au contraire, je savais jouer le jeu. Et après quelques échecs, j'ai même commencé à savoir, ou à penser savoir, ce que l'autre cherchait dans une relation. Ainsi, j'ai travaillé très fort pour le lui offrir – comme j'aurais fourni une marchandise, voyez-vous. J'ai appris, entre autres, à sublimer certains aspects de ma personnalité qui, je l'ai découvert après un certain nombre d'échecs, n'étaient pas attirants pour l'autre.

Je vous donnerai un exemple ridicule, mais c'est à cause même de son ridicule qu'il m'est resté, je crois. À une certaine époque, j'étais avec une femme dont je pensais qu'elle serait l'amour de ma vie. En fait, elle l'était *vraiment* à l'époque où j'étais avec elle. Vous connaissez la vieille rengaine : « Si tu n'es pas auprès de celle que tu aimes, aime celle qui est près de toi. »

J'étais donc en relation avec cette femme délicieuse. Et j'en étais profondément amoureux, ou croyais l'être. Un soir, nous sommes allés au théâtre ; c'était l'une de nos premières sorties dans le monde extérieur, le monde du social, vous savez. Et alors, me voilà devant cette scène. C'était une comédie, et je me suis mis à rire.

J'ai un rire très rauque, tonitruant. Quand je m'esclaffe, toute la salle le sait, contrairement à la plupart d'entre vous, qui ne riez pas très fort dans l'ensemble.

Mon rire est vraiment total. Il fait partie de moi, tout simplement. Je ne le fais pas exprès ; il est ainsi, c'est tout. Bon. Alors, voilà que je ris à gorge déployée. Les acteurs, bien sûr, adorent ça, car cela génère d'autres rires, et la salle devient très animée. Ils sont enchantés que, parmi le public, quelqu'un ait un rire communicatif, et le diront.

Somme toute, je suis toujours bien accueilli par les artistes, étant donné ce rire contagieux. Mais cette femme avec qui je me trouvais, et dont j'étais si désespérément amoureux (j'utilise ce terme sciemment – mon amour pour elle me semblait sans espoir), se faisait discrète de plus en plus au fur et à mesure de mes rires. Je la vois encore, assise à côté de moi, qui essayait de disparaître. À l'entracte, elle m'a dit : « Es-tu obligé de rire de cette façon ? » Et je me rappelle m'être demandé : « De quelle façon ? » car je n'étais pas même conscient de ce que je faisais, de lui causer de l'embarras. Que tout cela attirait l'attention sur elle. Qu'elle se sentait en quelque sorte gênée de se trouver avec ce gars qui s'éclatait de la sorte.

Et je me rappelle mon profond désir de faire tout ce qu'il fallait pour qu'elle reste dans la salle. Vous voyez ce que je veux dire ? J'entends, au figuré, pour qu'elle reste dans la salle de ma vie.

D'ailleurs, je devrais dire, en passant, que j'ai passé la plus grande partie de ma vie à essayer de vous garder, tout le monde, dans cette salle. Je ferais n'importe quoi, ou presque, pour que vous y restiez. Ne sortez pas de la salle. Que puis-je faire pour vous garder ici ? Quelle partie de moi-même puis-je mettre de côté pour vous garder ici ? D'accord. Je la mets de côté. Pourvu que vous restiez dans la salle de ma vie.

Je ne peux pas vous dire le nombre de fois où j'ai fait des claquettes – et même pas sur ma propre musique. Mettez de la musique, et je danse. C'est ce que j'ai fait, ce soir-là, au théâtre.

C'était le deuxième acte, et nous revenions dans la salle. Quelques gags drôles s'ajoutèrent, en plus de l'action à laquelle je me livrai... (crachotant)... assis là, à essayer d'étouffer mon rire. Dès le troisième acte, je l'avais atténué. J'avais changé « Ha, ha, ha ! » en « Hi, hi ! » Et pendant plusieurs années, c'est ainsi que j'ai ri. Je riais de ce que j'appelais un non-rire, jusqu'à ce que quelqu'un me demande : « Neale, te sens-tu mal ? Ça va ? »

Un jour, au cours d'un atelier avec le Dr Elisabeth Kübler-Ross, celle-ci m'a pris sur le fait. Elle m'a coincé. Elle a dit – toujours avec son fort accent suisse – quelque chose de drôle alors que j'étais là dans la première rangée. Puis, elle a ajouté : « Qu'est-ce que fous avez ? »

« Rien, je trouvais ça comique. »

Elle m'a demandé : « Alors, pourquoi ne pas l'exprimer ? »

Et j'ai répliqué : « Qu'est-ce que vous voulez dire ? Je riais. »

Elle a répondu : « Non, ce n'est pas frai. Pourkhoi est-ce que fous ne laissez pas éclater ce rhire ? Et pendant que fous y êtes, pourkhoi est-ce que fous n'exprimez pas la douleur aussi ? La douleur de retenir votre fraie nathure ? »

Alors, j'ai pris conscience de ce qu'il fallait céder en échange, ou plutôt de ce que je croyais devoir céder en échange, pour vous garder dans la salle, voyez-vous. Je n'étais pas inconscient, et ce n'était pas le désir qui manquait. Je faisais ce que je croyais devoir faire pour garder la salle pleine. Et j'étais dans la plus grande perplexité, car malgré tout, la salle se vidait. Le public continuait de sortir, jusqu'à ce que je finisse par crier : « Qu'est-ce que vous voulez ? Qu'est-ce qu'il faut faire pour qu'une relation fonctionne ? »

Et je n'étais même pas conscient de ce numéro. Je ne voyais même pas qu'en fait, je troquais ceci contre cela. Je disais : je ne rirai pas comme ça si toi tu ne tousses pas comme ça. Je ne mangerai pas comme ça si toi tu n'oublies pas de remettre le bouchon sur le tube de dentifrice... ou autre chose encore – toujours en faisant du troc. Et c'était beaucoup plus considérable, j'en ai bien peur.

Alors, j'ai abouti dans ce genre de troc, vous savez. Et le 14 février, j'ai cherché une carte, mais sans pouvoir en trouver une sur laquelle on aurait pu lire : « Je te troque beaucoup » ou « Mon Dieu, tu es belle à troquer. Et je te troquerai toujours. » En fait, je jouais au troc. Et je m'en rendais compte quand l'autre personne cessait de troquer avec moi ce que je croyais qu'elle était censée me donner. C'était notre accord de contrepartie : je te donne ceci et, en échange, tu me donnes cela. Et quand je cessais de recevoir ce que, supposément, je devais recevoir, je mettais fin à la relation. Ou, dans certains cas, quand la personne cessait de recevoir ce qu'implicitement elle croyait lui revenait, elle quittait la salle. Ainsi, j'ai découvert que j'étais en relation pour toutes les mauvaises raisons. Que j'étais en quelque sorte à la recherche de ce trésor, de cette monnaie d'échange que j'avais en quantité suffisante pour garder tout le monde dans la salle. Quel aspect de moi-même pouvait être si attirant, si indéniable, si magnétique, qu'en toute circonstance, on resterait dans la salle ? Je ne comprenais pas ce qui n'allait pas, jusqu'au jour où j'ai perdu une autre relation importante après tant d'autres.

Puis, j'ai eu mon extraordinaire conversation avec Dieu, dans laquelle celui-ci disait : « Neale, Neale, Neale, il est clair que tu ne vois pas ce qui se passe. Tout d'abord, tu es en relation pour toutes les mauvaises raisons. Pour ce que tu peux en tirer. Et tu es prêt à faire du troc. Mais tu considères uniquement cette relation de cette façon-là – c'est presque une transaction commerciale. Et tu ne saisis pas le but d'une relation, qui n'a rien à voir avec ce que tu crois pouvoir en tirer, mais bien plutôt avec ce que tu choisis d'y mettre. Et il ne s'agit pas d'y mettre une chose pour *en tirer ce que tu veux*, mais pour réaliser qui tu es vraiment. »

Alors, ce que vous apportez à une relation, assurez-vous que ce soit authentique. Et ne niez jamais, un seul instant, votre nature véritable. Et si votre nature véritable ne suffit pas ou n'est pas assez attirante pour garder cette personne dans la salle, alors laissez-la partir. Quelqu'un viendra dans la salle de votre vie et trouvera votre nature véritable suffisamment attirante. Et lorsque cette personne entrera dans la pièce en réponse à votre authenticité, elle restera parce que vous n'aurez pas à faire de numéro pour la garder dans la pièce, voyez-vous. Ainsi, vous pourrez cesser de faire des claquettes.

Et cela a tout changé dans mes relations. Cela a modifié tout le paradigme de mon expérience : j'ai enfin su ce que je faisais là.

J'ai également compris que la relation est l'expérience la plus importante que nous puissions nous offrir. Et que sans relation, nous ne sommes rien. Sans vous, je ne suis rien du tout. Vous saviez probablement cela en entrant. Vous vous êtes assis en vous disant : « Sans moi, Neale n'est rien. » (rire) Mais c'est vrai. Sans vous, je ne suis rien du tout. (Pointant différentes personnes.) Et c'est vrai, car sans l'expérience d'une relation, nous ne sommes rien. Dans cette expérience relative, je ne peux être que qui je suis en relation avec autre chose dans mon expérience. En d'autres termes, de façon expérientielle, je ne peux rien savoir sur moi-même si vous n'êtes pas dans la salle.

Et Dieu m'a donné une image intéressante me permettant de remarquer à quel point c'était vrai. Il m'a dit : « Imagine que tu sois dans une pièce toute blanche, avec un plancher blanc, un plafond blanc, des murs blancs. Et imagine que tu sois suspendu dans cette pièce, comme par magie et sans rien pouvoir toucher, juste là, à pendiller telle une décoration de Noël, sans même une corde pour te retenir dans cette mer de blancheur. Et imagine qu'il n'existe rien d'autre. Combien de temps, selon toi, existerais-tu dans ta propre expérience ? » Et la réponse m'est venue : « Probablement pas terriblement longtemps, pas très longtemps. »

Car s'il n'y a rien d'autre, je ne suis pas. Pas selon mon expérience. Je suis ce que je suis. Mais je ne peux pas *savoir* ce que je suis, je ne peux pas en faire l'expérience, si je ne suis pas en relation avec autre chose. Dans ce cas, je ne peux rien savoir sur moi-même.

Mais si quelqu'un entrait dans cette pièce blanche et déposait ne serait-ce que la plus petite tache d'encre sur le mur, dans la mesure où je pourrais voir ce petit point noir, soudain, j'existerais. Tout d'abord, « là-bas » existerait, et, par conséquent, « l'ici ». Parce que le point serait là, et moi ici, je commencerais à me définir en relation avec cette autre chose. Dans ce cas, j'imagine que je serais la chose appelée... « plus grosse ».

J'oserais peut-être même dire que je suis « plus intelligent ». Parfois, je ne me crois pas vraiment plus intelligent que le point sur le mur, mais, en général, j'imagine l'être. Je suis peut-être plus rapide, ou plus lent, ou plus ceci, ou plus cela, vous comprenez, en relation avec le point.

Mettez un chat dans la pièce, et soudain, j'ai des expériences beaucoup plus grandes de moi-même, car ce qui occupe l'espace est beaucoup plus grand que le point sur le mur. Puis, je me mets à conceptualiser toutes sortes de choses à propos de moi. Par exemple, ce chat est plus doux que moi, mais je suis peut-être plus vieux que lui, peu importe. Je commence à me concevoir dans ma propre expérience, fondée sur les êtres qui m'entourent. Par conséquent, la relation – je me situe maintenant dans le domaine du relatif, dans lequel nous existons sous forme physique – avec les autres gens, les lieux et les choses n'est pas seulement importante ; elle est vitale. Et si nous ne sommes en relation avec rien, nous ne sommes pas.

Et je comprends peu à peu la raison d'être de ma relation avec cette table, avec ce verre d'eau et avec ceux d'entre vous qui partagent ce temps et ce lieu avec moi. Et c'est à partir de ma relation avec vous que non seulement je me connais – et voici l'astuce – mais que je me *définis*, littéralement. Autrement dit, je me définis et, en ce sens, *recrée qui je suis* en relation avec qui vous êtes.

Voilà une tournure intéressante. En définitive, je ne peux me recréer sous la forme de ce que vous n'êtes pas. Je ne peux voir en moi que ce que je veux voir en vous. Et ce que je n'arrive pas à voir en vous, je ne le trouverai jamais en moi, car je ne sais pas que cela existe. Par conséquent, je ne peux trouver la divinité en moi avant d'avoir cherché, découvert et reconnu (c'est-à-dire : connu à nouveau, *re-connu*) la divinité en vous. Et dans la mesure où je n'arrive pas à reconnaître et à connaître la divinité en vous, je ne peux pas la connaître en moi ni connaître aucun bon côté de moi. Ni aucun mauvais, d'ailleurs. Car rien ne peut exister ici qui n'existe pas là. Pour d'innombrables raisons ; entre autres, et ce n'est pas la moindre, parce que nous ne sommes qu'un dans la pièce. Il n'y a personne d'autre. Nous trouvons donc que la relation occupe une place unique dans notre vie, non seulement une place importante mais une place irremplaçable. En effet, rien ne peut remplacer une relation et susciter autant, car la relation est la seule expérience de la vie qui vous apporte une expérience de vous-même dans la vie. Je ne parle pas seulement de votre relation avec les gens. J'entends aussi votre relation avec les lieux, les choses et même les événements de votre vie.

Nous sommes tous en relation avec les circonstances et les événements de notre vie. C'est à partir de notre relation, qui est notre création entière, que nous éprouvons, annonçons, déclarons, exprimons, accomplissons et devenons qui nous sommes vraiment.

Lorsque nous comprenons la place sacrée que la relation occupe dans notre expérience à tous, c'est en gestes que nous tenons l'expérience de la relation pour sacrée – et non seulement en pensées ou en paroles. Et les gestes que nous posons dans le cadre de nos relations se mettent à changer de façon spectaculaire.

D'abord, nous voyons le secret que j'ai annoncé tout à l'heure : à savoir que je ne peux voir en vous que ce que je peux voir en moi. Une fois ce secret compris, ma fonction première dans la relation consiste à regarder profondément en vous, à voir en vous la vision la plus grandiose que je puisse jamais imaginer ; et même, en effet, à vous aider à créer cela, au cas où vous choisiriez d'éviter de le créer. Dès lors, l'une des choses que les partenaires font l'un avec (et pour) l'autre, c'est non pas de chercher à tirer quelque chose de l'autre, mais de chercher à donner à l'autre, et de donner à cet autre, dont vous êtes le partenaire, le pouvoir d'exprimer et d'éprouver qui il est vraiment et dont vous voyez l'importance vitale. C'est là, en fait, la raison d'être de toutes les relations, leur raison même d'exister.

Soudain, notre but dans une relation est entièrement transmuté et transformé. Nous ne nous demandons plus ce que nous pouvons obtenir de la relation, mais ce que nous pouvons donner. Que pouvons-nous renforcer ? Créer ? Que pouvons-nous amener à se réaliser, rendre réel – être *réal*-isé ? Vous savez, on « aromatise » des aliments. De même, on peut « réaliser » des gens. Il suffit de leur donner l'ingrédient nécessaire, et ils deviennent *réal*-isés. En fin de compte, c'est là le stade ultime de la réalisation de soi.

Voilà le secret que je veux partager avec vous aujourd'hui. Bien des gens sont engagés dans un mouvement de prise de conscience de soi. Et ils croient atteindre cette réalisation en s'assoyant immobiles, tout seuls. Après tout, cela s'appelle une prise de conscience de soi. Alors, nous tentons de prendre conscience de nous-mêmes en nous assoyant sans bouger, tout seuls dans un coin, avec une chandelle et peut-être une douce musique. Et nous faisons des sons intéressants, du genre : « Ohhhmmm. » Peu importe, et je ne dénigre pas ça, je ne dis pas que ce soit mauvais, mais si vous croyez que c'est comme ça qu'on prend conscience de soi, en y consacrant beaucoup d'heures... vous n'aurez pas compris la grande perle de sagesse suivante : nous sommes faits les uns pour les autres.

En définitive, la prise de conscience de soi ne s'atteint pas dans la solitude, mais lorsque nous prenons conscience du Soi à travers les yeux d'un autre. C'est pourquoi tous les maîtres véritables ne font que redonner les gens à eux-mêmes. Chacun de vous n'a-t-il jamais été vu par un maître vivant ? N'avez-vous jamais été en présence de quelqu'un que vous considérez comme un maître spirituel, d'aussi près qu'il est possible de l'être en cette vie ? Vous êtes-vous jamais trouvé dans la même pièce que quelqu'un qui travaille à atteindre ce niveau de maîtrise de soi ? Si c'est le cas (et vous le reconnaîtrez tout de suite), vous remarquerez qu'il passe le plus clair de ses journées et de son temps à voir la maîtrise en vous. Il vous regarde dans les yeux et vous voit comme vous ne vous imaginez même pas. Et vous vous demanderez pourquoi *vous* ne vous voyez pas comme il vous voit. Et lui se demandera pourquoi vous ne vous voyez pas. Je vais me reprendre. (rire) De toute évidence, c'est une affirmation que je ne suis pas censé faire. Sommes-nous tous prêts à rester immobiles ? Alors, il se demandera pourquoi il ne... Et pourquoi vous ne... Zut... (rires) Je sais à quel moment les éléments m'ont vaincu.

Lorsque nous utilisons une relation de cette délicieuse façon, nous transformons toute notre expérience de nous-mêmes avec nos proches. Soudain, nous ne voulons rien de *leur* part – nous ne désirons plus que tout *leur* donner. Nous cherchons à leur donner tout ce que nous sommes, sans rien vouloir en retour.

Alors, soyons clairs. Cela ne veut pas dire que nous leur permettons de nous marcher dessus. Que nous nous permettons d'être en quelque sorte les victimes dans une relation dysfonctionnelle avec eux. Ce n'est pas de cela qu'il s'agit. La vie n'exige pas que nous restions en présence de quelqu'un qui abuse de nous. Et c'est pourquoi je m'en vais. Vous pourriez rire un petit peu plus fort de mes blagues...

Cela ne signifie pas que lorsque nous nous donnons pleinement aux autres, nous nous permettons l'expérience d'un amour inconditionnel, même lorsque nous disons : « Je choisis de ne pas habiter avec toi. » Voyez-vous, un de ces jours, nous trouverons même une manière de nous séparer sans amertume et sans l'entremise d'avocats. Connaissez-vous la seule raison pour laquelle nous avons besoin d'avocats ? Parce qu'il y a des avocats.

Un de ces jours, nous serons capables de nous regarder mutuellement en disant : « Je remarque maintenant que notre temps ensemble est terminé. Que le moment est venu, pour nous, de continuer à nous aimer sans condition, à nous offrir l'un à l'autre les cadeaux que nous avons à donner pleinement, et de le faire d'un côté à l'autre de la pièce, de la rue, ou du monde. Que certains de tes comportements ne sont pas en harmonie avec la façon dont je choisis de vivre ma vie. Et cela ne veut pas dire que je ne t'aime pas. »

Un de ces jours, nous serons capables de dire cette vérité sans avoir à trouver un tort à l'autre, ou à faire de lui le méchant de l'histoire, afin de justifier notre vérité. Lorsque nous pourrons atteindre cet espace, nous pourrons également créer les relations affectueuses et durables que nous désirons dans notre vie, car soudain ces relations ne seront assorties à aucune condition, quelle qu'elle soit, et à aucune restriction, non plus.

Voici ce que je connais des meilleures relations et de la façon dont elles fonctionnent. Tout d'abord, ce sont des relations sans condition. Ni restriction. Car les relations fondées sur l'amour véritable – sincère – sont entièrement et complètement libres.

La liberté est l'essence de qui vous êtes. De l'amour. Les mots *amour* et *liberté* sont interchangeables. Tout comme le mot *joie*. La joie, l'amour, la liberté – l'amour, la liberté, la joie. Tout cela veut dire la même chose. Et l'âme humaine ne peut être joyeuse si elle est restreinte ou limitée d'une manière quelconque.

Par conséquent, lorsque nous nous aimons, nous ne cherchons jamais à limiter ou à restreindre l'autre, de quelque façon que ce soit. L'amour sous-entend : « Ce que je veux pour toi, c'est ce que tu veux pour toi » ou « Je choisis pour toi ce que tu choisis pour toi ». Mais quand je dis : « Je veux pour toi ce que *je* veux pour toi », alors je ne t'aime pas. Je m'aime à travers toi, car j'obtiens ce que je veux, plutôt que de te voir obtenir ce que tu veux.

Voici l'ironie suprême de ce paradigme : dès que je dis : « Je choisis pour toi ce que tu choisis pour toi », tu ne me quitteras jamais. Car tout ce que nous cherchons, c'est quelqu'un qui nous laissera obtenir ce que nous voulons de la vie. Voyez-vous, le monde entier est organisé de façon à ne pas nous laisser tirer ce que nous voulons de la vie, à commencer par nos parents, dès que nous avons deux ans : « Non, tu ne peux pas avoir ça. » Et cela a continué de plus belle avec nos enseignants à l'école : « Pas de gomme à mâcher en classe. » Et par des restrictions beaucoup plus grandes encore.

Ça s'est poursuivi durant nos années d'adolescence, alors que notre sexualité naissante voulait une chose et que le monde était organisé pour nous démontrer qu'il était plus ou moins inconvenant de la vouloir – et même, dans certaines religions, de la désirer. Oh, quels dégâts nous avons provoqués sur cette planète avec notre répression maladive de la sexualité ! Maladive.

Et cela a continué au cours de notre jeunesse, et même jusqu'à la fin de notre âge adulte, le monde étant organisé pour nous dire que nous ne pouvions avoir ce que nous voulions vraiment. Je connais des épouses qui vont vraiment voir leur mari en disant : « Mon chéri, il y a un cours de courtepointe au YMCA. Il se donne tous les mardis soirs pendant six semaines. J'aimerais le suivre. » Et je connais vraiment des maris qui répondent : « Non. » Pouvez-vous imaginer un mari dire à sa femme : « Je ne veux pas que tu t'inscrives à des cours de couture » ? Pourtant, ce sont des choses qui arrivent.

« Archie, c'est juste un cours de courtepointe ! »

« Oublie ça. Retiens-toi, Edith. »

Vous vous rappelez ? Et si tout le pays riait d'Archie Bunker[1], c'était parce que la moitié du pays se reconnaissait. Et riait d'un rire jaune.

J'avais un père – Dieu ait son âme – et je l'aimais beaucoup, mais il était grandement comme cela. Sous certains aspects, il ne ressemblait pas à Archie Bunker ; il n'avait pas ses idées ou ses pensées racistes mais il pensait ainsi : « Je suis le maître de la mai-

---

1. Personnage de sitcom américain populaire dans les années 70. (NDE)

son, et elle ne peut pas suivre des cours de courtepointe sans ma permission ; et je vais rarement la lui accorder. »

Dans une relation construite autour d'une authentique expression d'amour véritable, non seulement est-il correct que la femme vienne voir le mari et dise : « Puis-je prendre un cours de courtepointe ? » , mais il est également correct que la femme aille trouver son mari et demande : « Puis-je aller luncher avec Henri ? Et le mari, que nous appellerons Marcel, répond : « Je veux pour toi ce que tu veux pour toi. Si tu veux luncher avec Henri, va luncher avec lui. Je t'aime suffisamment pour vouloir pour toi ce que tu veux pour toi. »

Si Henri espérait voler cette personne à Marcel, il peut oublier ça, car très peu de femmes quitteront les Marcel qui leur laissent ce genre de liberté d'expression. Mais un nombre gigantesque d'entre elles le quitteront immédiatement s'il dit : « Tu ne peux aller luncher avec Henri – en fait, ne mentionne même pas son nom dans cette maison ! N'y pense même pas –, que crois-tu donc ? Tu ne sais pas que tu m'appartiens ? Que tu es ma femme ? »

D'ailleurs, les femmes agissent aussi de la sorte avec les hommes. « En passant, ma chérie, j'aimerais aller luncher avec Mathilde. » « Pas question. » J'utilise un exemple fou et exagéré pour démontrer quelque chose. La vie vous offre maintes occasions de démontrer qui vous êtes vraiment.

L'amour ne dit jamais non. Vous savez pourquoi je sais cela ? Parce que Dieu ne dit jamais non. Et Dieu et l'amour sont interchangeables. Dieu ne vous dirait jamais non, peu importe votre demande, même s'il pensait que ce que vous demandez vous apporterait des ennuis. Comme Mathilde. Ou Henri. Ou n'importe quoi. Voyez-vous, Dieu ne dira jamais non, car il réalise qu'en définitive, il est impossible de s'attirer les plus gros ennuis. C'est-à-dire qu'on ne peut se nuire d'une façon qui nous empêche d'être. On ne peut qu'évoluer et grandir, et devenir davantage qui on est vraiment. Ainsi, Dieu nous dit : « Ton choix est le mien. Et je te mets au défi de faire cela avec ceux que *tu* aimes. »

Alors, réveillez-vous. Je veux que vous vous réveilliez tous. Car je désire vous faire savoir que vous commencerez à vous endormir dès que vous serez confrontés à ce que vous ne voulez pas entendre. Vous commencerez littéralement à vous endormir sur votre chaise. (rire) Et vous allez penser, bien sûr, que ça n'a rien à voir avec ce dont je parle. « Je suis fatigué, c'est tout », vous direz-vous. Tel est le mécanisme du subconscient, lorsqu'il est confronté à des informations qu'il ne veut pas pleinement recevoir ou accueillir. « Je vais juste dormir pendant cette partie. » Faites attention, car la plupart d'entre nous traversons la vie en somnambules. Soyez attentifs à cela. Restez éveillés. Vous ne savez pas à quelle heure votre maître viendra.

Il y a une question dans l'auditoire à propos de ce délicat sujet des relations. Voyons ce que c'est...

Neale, dans le tome 3 de Conversations avec Dieu, *vous avez interrogé Dieu sur l'institution du mariage. Et... celui-ci y a opposé son veto, en affirmant qu'elle n'avait pas beaucoup de validité. Croyez-vous cela ?*

Eh bien, je crois que vous avez mal lu ce que Dieu avait à dire là-dessus. Il n'a pas dit que le mariage n'avait aucune validité et n'y a pas mis son veto. Dieu a dit que le mariage, tel qu'il est actuellement construit...

L'institution.

Eh bien, même l'institution, *telle que vous l'avez conçue*, et non pas l'institution en soi ni le mariage en soi, mais le mariage tel que vous (la société) l'avez construit – ou conçu – n'a aucune validité, compte tenu de l'objectif que vous avez déclaré.

La validité elle-même est un terme relatif. Une chose est valide par rapport à quoi ? Voyez-vous, d'après Dieu, il n'y a ni bien ni mal, croyez-le ou non, parce que le bien et le mal sont des termes relatifs. Telle chose qui était bonne hier est mauvaise aujourd'hui, et vice versa. Et la vie nous l'a amplement démontré.

Toute personne intelligente comprend que le bien et le mal sont des valeurs relatives. Et quand Dieu parle de bien et de mal, ou de valide ou d'invalide, c'est par rapport à ce que nous annonçons et déclarons à propos des choix que nous faisons pour nous-mêmes, en tant qu'espèce et en tant qu'individus.

Nous avons annoncé et déclaré : « Le mariage est l'expression de l'amour la plus grandiose et la plus élevée dont les humains soient capables. » Voilà ce que nous avons choisi. Puis, nous nous sommes mis à élaborer une institution et une expérience du mariage qui produisent exactement le contraire : pratiquement la forme la plus basse d'amour dont les humains soient capables. Un amour qui possède, au lieu de libérer, de donner. Un amour qui limite, au lieu d'accorder de l'expansion. Un amour qui rapetisse presque tout autour de lui, au lieu de tout faire grandir.

Trop souvent, notre expérience du mariage n'a rien à voir avec l'amour. Nous avons créé une structure, une coquille, une sorte de moule. Et c'est ce que nous voulons du mariage. Nous voulons qu'il soit un moule qui retienne tout bien en place exactement comme c'était au moment où nous avons dit je t'aime. Mais les gens et les événements bougent. Ils changent. La vie est une évolution. Ainsi, le mariage, tel que nous l'avons construit, fonctionne à l'encontre du processus même de la vie, car il fournit très peu de jeu dans la façon dont bien des sociétés, des religions et des traditions familiales l'ont érigé.

Ces sociétés, religions et familles l'ont utilisé en grande partie comme une mini-prison ou une sorte de contrat stipulant ceci : « Tu seras, maintenant et à jamais, tel qu'en ce moment même. Tu n'aimeras personne d'autre et tu ne manifesteras certainement pas cet amour envers un autre de la même façon qu'envers moi. Tu iras toujours là où j'irai. Tu feras très peu de choses que je ne voudrai pas faire avec toi, et en général, à partir de ce moment, ta vie sera limitée. » Ainsi, la chose même qui devrait abolir les limites et libérer l'âme de chacun fait le contraire : elle restreint les gens et ferme leur âme.

Voilà l'ironie du mariage tel que nous l'avons créé. Nous disons : « Je le veux » et, dès lors, dans une large mesure, nous ne *pouvons* pas faire ce que nous voulons vraiment dans la vie. Très peu de gens l'admettraient dans les premiers feux d'une histoire d'amour et aux premiers instants de leur mariage. Ils ne viendraient à ces conclusions que trois, ou cinq... ou, selon la fameuse expression « Après sept ans, ça vous démange », que sept ans plus tard, après avoir soudainement compris qu'en fait leur expérience d'eux-mêmes dans le monde en général a été réduite, *plutôt* qu'élargie, par l'institution du mariage.

Bien entendu, ce n'est pas le cas de tous les mariages. Mais c'est vrai dans bon nombre de cas. Je dirais dans la majorité d'entre eux. C'est pourquoi nous avons un taux de divorce aussi élevé. Ce n'est pas tant que les gens en aient assez les uns des *autres*, mais qu'ils en ont assez des *restrictions* et des *limites* que le mariage semble leur avoir imposées. Le cœur humain sait quand on lui demande de rétrécir.

L'amour, au contraire, c'est la liberté. C'est ce qui ne connaît ni limites, ni restrictions, ni conditions d'aucune sorte. Je pense que nous avons créé ici une construction artificielle autour de ce qu'il y a de moins artificiel. L'amour est l'expérience la plus authentique dans le cadre de l'aventure humaine. Mais au milieu de cette magnifique authenticité, nous avons créé ces contraintes factices. Et cela pose beaucoup de difficultés aux gens qui veulent rester amoureux.

Ce que nous devons faire, si nous le voulons, c'est de réinventer le mariage en ces termes : « Je ne te limite pas. Aucune condition ne nous oblige à rester ensemble. Je n'ai aucun désir de diminuer ta liberté d'expression, de quelque façon que ce soit. Ce que cette nouvelle forme de mariage est censée permettre, c'est d'alimenter le moteur de ton expérience – l'expérience de qui tu es vraiment et de qui tu choisis d'être. »

Finalement, cette autre approche du mariage stipule ceci : « Je reconnais que même toi, tu changeras. Tes idées, tes goûts et tes désirs changeront. La nouvelle idée que tu te fais de qui tu es, il vaut *mieux* qu'elle se transforme, car, dans le cas contraire, tu serais devenu une personnalité très statique, et rien ne me déplairait davantage. Alors, je reconnais que le processus d'évolution produira des changements en toi. »

Non seulement cette nouvelle forme permet-elle de tels changements, mais elle les encourage.

Votre vieille notion de l'institution du mariage, compte tenu de ce que vous dites vouloir faire et de ce que vous voulez qu'elle soit, n'est plus valable. Pourtant, nous essayons encore de le faire dans notre vie quotidienne, avec notre conception erronée du mariage. Même certains des vœux du mariage traditionnel (Dieu merci, nous en avons changé quelques-uns avec les années) et d'autres, établis depuis des siècles, étaient formulés en termes de propriété et créaient des constructions philosophiques ne pouvant absolument pas soutenir ce que l'amour véritable choisirait de créer.

D'ailleurs, les jeunes savent cela d'instinct, et c'est pourquoi, de plus en plus depuis les années soixante, soixante-dix et quatre-vingt, ils ont regardé les plus âgés en disant : « Vous savez, on n'est pas dupes. On ne fera pas ça. On n'ira pas de ce côté-là. »

Et ils ont choisi la cohabitation. Bien sûr, dans les années soixante et soixante-dix, on entendait : « Comment osent-ils faire ça ? À la fin des années cinquante, si on cohabitait, c'était scandaleux. Mais bientôt, les jeunes adoptèrent cette façon de faire partout, en disant : « Vous savez, vous pouvez reprendre votre idée du mariage et la jeter aux orties, parce qu'on n'en a rien à foutre. On comprend que l'amour ne limite pas, ne possède pas, ne retient pas, mais prend au contraire de l'expansion, lâche prise et libère la part la plus grandiose de qui nous sommes tous. »

Ainsi, comme c'est le cas en réalité depuis le début des temps, chaque fois qu'un changement majeur a lieu dans la société, ce sont les enfants parmi nous qui en sont les instigateurs. Ce n'est pas nous, les vieux croûtons grisonnants, mais surtout les jeunes parmi nous qui disent : « On connaît une meilleure façon et on peut vous la montrer. Et c'est ce qu'on va faire maintenant. »

En observant cet immense passage au XXIe siècle, nous remarquons que non seulement – c'est vraiment ça, le plus drôle – ce sont les adolescents et les jeunes adultes qui cohabitent, mais aussi les plus vieux. Les gens de 65 à 80 ans se regardent et disent : « Eh bien, Martha, ils le font. Pourquoi ne pas le faire aussi ? Contentons-nous de vivre ensemble. » Et un nombre renversant de femmes de 65 à 80 ans répondent vraiment : « Eh bien, pourquoi pas ? »

Je ne remets pas en question le mariage en tant qu'institution. Soyons clairs. J'explore ce que nous avons fait, dans le plus grand nombre de cas, de cette institution. Bien des mariages sont créés avec tant d'amour qu'on n'y trouve aucune condition ou restriction. À titre d'exemple, je suis heureux d'affirmer que ma femme et moi vivons une relation de ce genre. Voilà pourquoi c'est la meilleure relation de ma vie. Parce que nous ne connaissons pas de restrictions et que nous ne laisserons pas notre amour être conditionné par aucune réponse ni aucun ensemble de réponses ou aucun comportement précis. Le seul comportement que Nancy et moi exigeons l'un de l'autre, c'est : « *Vis de façon authentique.* Vis ta vérité. Et si tu m'aimes, que ce soit parce que je vis la mienne. » Entendez-vous ça ? C'est signe qu'on évolue dans une relation bénie.

Un jour – nous étions ensemble depuis trois ans –, je me suis adressé à Nancy en lui disant quelque chose qui m'a frappé par la suite. Je l'ai regardée spontanément et j'ai dit : « Tu sais, vivre avec toi, c'est comme vivre seul. » C'est une parole magnifique, parce que je suis plus authentique, plus moi-même, quand il n'y a personne d'autre. Je peux sortir du lit et marcher nu pendant dix bonnes minutes. Je peux même me faufiler dans la cuisine sans vêtements, ou sauter dans la piscine. Je peux dire certaines choses, chanter ; je peux... tout simplement faire des choses, *être* comme si j'étais complètement seul, j'imagine. Sauf que maintenant, je suis avec cette délicieuse personne, et qu'être avec elle, c'est comme être seul.

Elle m'a redonné à moi-même et a dit : « Tu sais comment je t'aime le plus ? »

J'ai répondu : « Non. Comment ? »

Et elle a ajouté : « Exactement comme tu es maintenant. »

« Tu veux dire même avec un surplus de poids ? Et ce gros rire ? »

« Non seulement je t'aime malgré ton rire, mais je t'aime à cause de lui. Non seulement je t'aime en dépit des défauts que tu t'imagines, mais je t'aime à cause d'eux. »

C'est ça, l'amour. Tout le reste est une imitation.

À propos, savez-vous ce que sont les défauts ? J'ai laissé mon mouchoir quelque part, et je ne peux même pas pleurer, maintenant, sur ce que je dis. (Quelqu'un lui tend un papier-mouchoir.) Merci beaucoup. Ce sont de fausses évidences qui paraissent vraies[2]. Mais c'est de la peur en réalité. Je croyais avoir tous ces défauts et que c'était pour ça que mes relations ne fonctionnaient pas.

Je croyais que si seulement je me corrigeais, je pourrais me présenter sous un emballage que vous supporteriez, faute de l'apprécier. Parce que je croyais avoir tous ces défauts, parce que tous ces gens dans ma vie, y compris (Dieu les bénisse) mes parents parfois, me parlaient de tous mes défauts, vous savez. Puis, il y a quelques années, j'ai rencontré un maître spirituel, une femme, qui m'a fait comprendre quelque chose d'une façon étonnante. Elle m'a dit : « Considère la possibilité que tes plus gros défauts soient tes plus grands atouts, mais que le volume est juste un petit peu trop haut. Que la chose même pour laquelle les gens sont tombés amoureux de toi est parfois quelque chose qui les détourne de toi, car tu montes le volume juste un peu trop fort. Que ce que tes amis appellent peut-être ton insupportable vantardise, quand ils disent : "Il en met vraiment un peu trop ", est exactement la qualité qu'ils recherchent quand ils disent : "Qui est le chef, qui peut nous tirer de ce désastre ? C'est Neale, le leader, ici. C'est lui. C'est pour ça que nous t'aimons tellement, Neale." »

Je suis une personne très spontanée. Alors, quand les gens cherchent quelqu'un de spontané qui peut imaginer quelque chose rapidement et le faire apparaître dans la pièce tout aussi rapidement, c'est à moi qu'ils pensent. « Eh, Neale, c'est lui. »

C'est aussi la partie de moi qu'ils trouvent (tous en chœur, maintenant) « irresponsable ». Alors, mon irresponsabilité n'est que ma spontanéité dont le volume a été monté juste un ou deux crans trop haut. Alors, ce que me disait cette femme était : « Neale, ce n'est qu'une question de volume. Ne mets donc pas cela de côté. N'essaie pas de changer cela en toi ni d'éliminer de ton comportement cet aspect de ton être. Ne désavoue rien. Contente-toi de baisser le volume, juste un peu, et remarque qu'il y a un volume approprié aux aspects de qui tu es qui devient acceptable à chaque instant. Et parfois, tu devras monter ce volume ou le baisser. »

N'est-ce pas une façon délicieuse de voir les choses ?

---

2. « *False evidence appearing real* » = f.e.a.r = peur. (NDE)

N'est-ce pas une façon délicieuse de voir les choses ?
Aujourd'hui, je n'ai plus à penser que je suis cette personne pleine
de défauts. J'ai tout simplement toutes ces grandes qualités, avec
un volume parfois un peu trop haut. (Mais plus maintenant.) Vous
comprenez ?

Alors, une vraie relation voit et sait tout cela. Une véritable
relation est *fondée*, ou construite, sur un paradigme entièrement
nouveau selon lequel : « Je vois en toi ce que je choisis de voir en
moi. Je te donne ce que je choisis, moi-même, de recevoir. » Et
une vraie relation dit aussi : « Si je t'enlevais quelque chose, ou
cherchais à t'empêcher de l'obtenir, je me l'enlèverais. Je ne peux
pas me permettre d'avoir ce que je ne te permettrais pas d'avoir
aussi. »

Ainsi, notre défi renvoie aux questions suivantes : Pouvons-nous
vivre dans une relation sans condition ? Dans une relation qui ne
dit jamais non, mais dit tout simplement oui à un autre ?
Pouvons-nous utiliser une relation comme une expression de la
forme d'amour la plus grandiose que nous puissions jamais
imaginer ? Aimons-nous nos proches suffisamment pour dire les
mots magiques non pas « je t'aime », qui sont franchement un peu
trop employés, mais les trois mots magiques de toute relation :
Comme tu voudras.

Comme *tu* voudras.

Lorsque nous serons prêts à dire cela, nous aurons vraiment
redonné l'autre à lui-même. Avant cela, nous cherchons tout
simplement à utiliser notre relation avec un autre dans le but de
recevoir ce dont nous nous imaginons avoir besoin pour être
heureux. Vous avez une question ?...

*Un million de questions. Mais ce sujet est au cœur de ma vie.
Depuis des années, je donne des cours sur les relations. Je suis
engagé dans un mariage à long terme. Pendant des années, j'ai
vécu avec succès ce dont vous parlez. Mais présentement, je ne le
vis pas ainsi. Alors, je dirais que j'ai vraiment fait des tours de
piste avec ça. Et mon mariage comporte énormément de liberté.
C'est un mariage fondé sur une déclaration que j'ai faite au
départ : « Notre relation fonctionne ; elle fait une différence, et*

tout y contribue. » *Alors, j'ai vécu à partir d'un espace où, peu importe ce qui arrivait, cela n'avait pas à répondre à mes attentes ; tout ce qui se passait faisait partie de la façon dont ça m'était servi. Et en fait, ça fonctionnait, même si ce n'était pas comme je le voulais. Je voyais que ma capacité de travailler avec les défis que cela présentait était pour moi une façon d'apporter ma contribution au monde.*

Où est le problème, alors ?

Eh bien, le problème, c'est que, d'une manière ou d'une autre, nous sommes aux prises avec une lutte de pouvoir dont nous ne sortons pas. Et je ne vois pas comment y arriver. Alors, je ne sais pas quoi demander. Je sais seulement que j'aime profondément mon mari et qu'il m'aime tout aussi profondément sur un plan essentiel.

Je comprends que vous soyez dans cette lutte de pouvoir. Je vous répondrai quelque chose qui vous paraîtra peut-être un peu, presque sans-cœur : « Et alors ? » Pourquoi ne l'acceptez-vous pas ? Pourquoi la condition appelée « être dans une lutte de pouvoir » n'est-elle pas correcte à vos yeux ? Qu'est-ce qui ne va pas là-dedans ?

Je fonde une grande partie de mon insatisfaction actuelle sur ce que je ne retire pas de la relation. Alors, cette conversation sur le fait de ne rien vouloir retirer de la relation et de seulement chercher ce que je veux y mettre constitue le germe de réflexion que j'ai retenu jusqu'à ce matin. J'entends ce que vous dites. Il y a un manque d'expérience d'amour dans la relation. Essentiellement, il y a un amour profond. Et lorsque nous nous abandonnons, souvent, nous sortons presque de notre identité humaine pour être l'un avec l'autre, et j'ai l'impression que nous sommes finalement sortis de l'arène de boxe. Nous sommes comme deux boxeurs – lorsque la cloche sonne, nous nous accrochons l'un à l'autre. Il y a cet instant d'amour, parce que nous nous aimons profondément. Et je suis son égale, et il est mon égal. Ainsi, nous sommes tout à fait égaux dans la lutte de pouvoir, et il en résulte un match nul. Alors, dans le fait de ne pas être en lutte, il y a une reconnaissance du partenariat et de l'amour, et de ce lien transcendant. Mais dans le processus quotidien de la vie, nous nous blessons mutuellement beaucoup.

Eh bien, arrêtez.

Comment le faire sans seulement m'adapter à des conditions qui ne me conviennent pas toujours ?

Ne vous adaptez pas à des conditions qui ne vous vont pas. Cessez tout simplement de faire une histoire avec votre refus de vous adapter. Ne vous adaptez pas, tout simplement. Je vais utiliser un exemple simple. Supposons que Nancy décide de commencer à fumer. Actuellement, elle ne fume pas, ni moi non plus d'ailleurs, mais je vais utiliser cet exemple vraiment facile que nous pouvons tous saisir.

D'accord, merveilleux !

Nancy arrive donc à la maison avec un paquet de cigarettes en disant : « Oh... j'avais l'intention de t'en parler. Je vais fumer. » Eh bien, je pourrais ne pas être d'accord. Pas avec Nancy en soi, parce qu'elle est encore Nancy, mais avec Nancy la Fumeuse. Et je pourrais avoir de la difficulté à m'adapter à ce comportement.

Eh bien, je peux tout simplement refuser de m'y adapter. Mais je peux le faire sans faire porter le tort à Nancy, sans créer un problème avec le fait que je ne m'accommode pas à cela, sans qu'on se fâche à cause de mon refus de m'adapter à ce changement. Je peux tout simplement dire à Nancy : « Je t'aime plus que jamais, mais je n'aime pas toujours que tu fumes en ma présence. Maintenant, je vais quitter la pièce. Profite bien de ta cigarette. D'ailleurs, puisque tu insistes pour fumer continuellement dans la maison, je vais probablement devoir quitter, parce que je n'aime pas être dans une demeure remplie de fumée de cigarettes. Et je t'aime. Je t'aime tout autant qu'auparavant, mais je quitte la maison maintenant. »

Alors, Nancy dirait peut-être, si elle n'était pas très évoluée (et elle l'est) : « Tu t'en vas seulement parce que je fume ? Et tu affirmes ne pas essayer de me donner tort ? » Et je répondrais : « Je comprends que tu sentes le besoin de me dire que je te donne tort, mais je me permets tout simplement de vivre mon authentique vérité. Je t'aime et je remarque que tu fumes maintenant, mais ce qui me va, c'est un domicile sans fumée. Alors, si tu continues de fumer dans ces lieux, je vais devoir aller vivre ailleurs et t'aimer de loin. »

D'accord. Je saisis.

Les questions à propos desquelles les gens entrent habituellement dans une lutte de pouvoir ont généralement à voir avec le temps, la disponibilité et les activités de l'autre. Autrement dit, tu ne passes pas suffisamment de temps avec moi, ou tu es engagée dans des activités avec lesquelles je ne suis pas d'accord. Et nous sommes en conflit par rapport à cela. Maintenant, je vais vous donner l'exemple d'une autre situation semblable dans la vraie vie. Soudain, votre conjoint devient un bourreau de travail. S'il passait beaucoup de temps avec vous au cours des trois premières années de votre mariage, il en a passé de moins en moins par la suite, et vous voilà au bout de sept, huit ou dix ans, et il ne garde plus beaucoup de temps pour vous. Et vous entamez une lutte de pouvoir, parce que vous essayez de contrôler son temps.

Alors, vous lui dites : « Tu sais, je veux te voir à la maison au moins trois week-ends sur quatre. Je ne veux pas que tu sois tout le temps à l'extérieur, ou toujours en extérieurs à tourner un quelconque grand film ou à réaliser un grand projet, ou plongé dans ton travail, ou quoi que ce soit d'autre. Tu ne m'accordes aucune attention. » La plupart des gens ne le diraient pas exactement en ces termes – sauf peut-être certains individus très francs – mais l'exprimeraient autrement. Ils ne se contenteraient pas de venir vers vous en disant : « En fait, je réclame ton attention. Je veux de ton temps. » C'est pourquoi une lutte de pouvoir s'installe.

Le partenaire tentera peut-être de conclure un arrangement difficile : « D'accord, je vais partir seulement un week-end ou deux par mois. » Il en arrivera à un arrangement et ensuite, s'il décide de passer trois week-ends sur quatre au loin, il commencera à se sentir coupable, à trouver qu'une femme le mène par le bout du nez, puis à se sentir *contrôlé*, et le ressentiment s'accumulera. Puis, bientôt, vous serez tous deux confrontés à une lutte de pouvoir : « De quel droit me dis-tu quoi faire de mon temps ? »

Je n'entrerais pas dans ce genre de lutte de pouvoir avec ma conjointe. Si elle faisait quoi que ce soit, vraiment quoi que ce soit, avec lequel je serais en désaccord ou qui ne m'irait pas, je dirais tout simplement : « Tu sais, fais ce que tu veux. Je dois te dire que je n'aime pas que tu t'en ailles passer trois week-ends sur quatre loin de moi et de cette maison. Fais-le si tu le désires, mais je veux que tu saches ce que je vais faire si tu continues ainsi longtemps. Je vais trouver quelqu'un d'autre avec qui passer mes week-ends. Ce n'est pas une menace. Je n'essaie pas de t'accabler avec ça. Tout simplement, j'annonce ce qui me convient. J'aimerais être avec quelqu'un. J'aime partager les journées et le temps de ma vie avec une personne, et ça me va si tu ne choisis pas d'être cette personne que j'aime. Alors, fais exactement ce que tu veux et ce qui te plaît. Il n'y a ni ressentiment, ni colère, ni contrariété, ni blâme. Juste un simple énoncé de faits. Mais permets-moi de conclure ma discussion avec toi en énonçant le fait suivant : Si je pouvais choisir une personne qui soit ma bien-aimée, ce serait toi. C'est pourquoi je porte cet anneau à mon doigt. Tu n'as pas à effectuer le même choix en ce moment, mais je veux que tu saches que tu es mon premier choix, mais que *j'en ai aussi un deuxième*, un troisième et un quatrième. »

De la sorte, il y a tout simplement un transfert d'information qui n'a pas lieu sur un ton belliqueux. Il ne s'agit pas de dire : « Je t'ai eue ! » C'est seulement : « Voici ce qu'il en est. C'est comme ça, tout simplement. Et je le partage amoureusement avec toi, ouvertement et sincèrement, comme devraient le faire des gens qui disent être en amour. C'est ma vérité. Et c'est comme ça. Maintenant, nous avons tous les faits et nous pouvons faire des choix informés. »

Ce que je dis, ce n'est pas : « J'ai quelqu'un en vue qui est prêt à intervenir si tu fais une seule gaffe mineure, tu as donc intérêt à bien te tenir. » C'est plutôt : « Si, à long terme, tu choisis de manifester un comportement qui ne me convient pas, qui n'est tout simplement pas fonctionnel dans ma vie – oh, et à propos, si je devais choisir à long terme de faire montre d'un comportement qui n'est pas fonctionnel dans la tienne –, il y a deux options. Rien ne m'oblige à accepter ce comportement. Je n'ai pas à m'y plier. Et je veux juste que tu saches ouvertement et franchement que si tu choisissais à long terme de le manifester, j'aurais probablement à effectuer certains ajustements dans ma façon de mener ma vie. En fait, cela signifierait inviter quelqu'un d'autre à partager avec moi un grand nombre des choses que j'avais espéré partager avec toi. »

Voyez-vous, il n'y a aucune lutte de pouvoir quand il n'y a aucune lutte pour le pouvoir. Il y a tout simplement chaque personne – ou du moins l'une des deux (parce que tous les torts ne peuvent être du même côté). Il y a tout simplement que chacune des deux personnes se retire de la lutte et retrouve son espace de pouvoir en se permettant d'être, de faire et d'avoir ce qu'elle veut sans donner tort à l'autre.

« Choisis ce que tu veux. Choisis de fumer. Choisis tout ce que tu désires, et je choisirai ce que je veux. » Ainsi, cela permet à Nancy de juger la situation en ayant la vérité en main. Est-ce que le fait de fumer est assez important pour elle pour permettre que sa relation avec moi soit changée de telle façon que je ne sois plus dans la pièce ? Que je ne partage plus la même maison ? Elle jugera elle-même. Ou bien elle continue de fumer et démontre qu'elle tient suffisamment à cela pour laisser sa relation avec moi se changer ainsi ; ou bien elle cesse de fumer. Et dans ce cas, elle va modifier son comportement non pas parce que c'est moi qui l'y oblige, mais parce qu'elle a fait un choix libre et fondé sur son pouvoir de remarquer qu'elle peut contrôler les résultats de sa vie en agissant sur ses comportements. Voyez-vous la différence ?

Je saisis. Merci.

De rien. C'est ainsi que l'amour réagit. L'amour ne se livre jamais à une lutte de pouvoir. Jamais.

Oui, une autre question ?...

Neale, quel est votre plus grand défi dans la relation ?

C'est la transparence – le fait de demeurer limpide. Même après un certain nombre d'années, maintenant, auprès de la même merveilleuse partenaire, il y a toujours un petit moment de peur. Et si elle découvre ceci ? Et cela ?... elle ne m'aimera plus. Si elle apprend que j'ai pris cinq mille dollars pour les investir dans des actions et que je les ai perdus, sans jamais le lui dire ; ou qu'un après-midi, je suis allé acheter une voiture...

C'est la grande affaire que j'ai faite il y a deux ans. Je conduisais et je suis entré chez un concessionnaire de voitures neuves. Et j'en ai vu une que je voulais vraiment, mais vraiment, et j'ai décidé de la prendre. Comme ça, en vingt minutes, j'ai acheté une voiture. Et je l'ai tout simplement conduite jusqu'à la maison, en me disant que c'était ridicule. « Comment cacher cette voiture à ma femme ? » Je savais qu'elle allait la découvrir tôt ou tard. Probablement au dîner. « À qui appartient l'auto dans l'entrée ? » Mais en fait, je me disais que j'étais vraiment redevenu un écolier. « Comment puis-je retarder le moment où elle va s'en apercevoir ? » Puis, je me suis dit : « Bon, c'est ridicule. » Tout en conduisant, j'ai pris le cellulaire et lui ai dit : « Sors quand j'arriverai, j'ai quelque chose à te montrer. » Et elle a demandé : « De quoi parles-tu ? » Et j'ai répondu, avec un serrement de gorge : « Je viens d'acheter une voiture. »

Alors, je crois que la transparence est mon plus grand défi dans la relation, même avec une personne comme Nancy à qui je fais entièrement confiance. Je fais confiance à l'inconditionnalité de son amour. Et encore, j'ai le souci d'être complètement clair, ouvert et honnête avec elle à propos de chaque sentiment, de chaque pensée, de chaque idée, de chaque entente et mésentente, et de chaque chose que je fais, vous savez. Et je vais vous dire d'où ça origine, à mon avis. Je crois que ma peur de la transparence dans la relation remonte à une peur ancestrale, une peur ancienne de Dieu. Bien sûr, j'avais dans l'idée que Dieu allait m'attraper pour cette raison.

D'ailleurs, je dois vous dire que j'ai encore cette idée. À un degré moindre, il y a une minuscule part de mon être qui le croit toujours – en dépit de ce qui est venu à travers moi, de ce qui a été écrit dans les livres étonnants de *Conversations avec Dieu* – et des nuits où ma tête roule sur l'oreiller. « Oh, dis donc, peut-être que j'invente tout ça ? Et si j'ai trompé des millions de gens – à propos de Dieu ? Bon sang, si j'ai tort, Dieu va vraiment me mettre le grappin dessus. »

Alors, je dois devenir transparent envers Dieu et lui dire : « Si j'ai tort, je suis certain que tu sais que je n'ai pas fait exprès de tromper quiconque intentionnellement. Et s'il reste une parcelle de miséricorde en toi, donne-moi une chance cette fois-ci. »

Comprenez-vous ? Ce n'est pas du tout le Dieu que je connais vraiment. C'est le Dieu de mon imagination, de ma peur. Et je crois que la peur profonde que nous avons, d'être jugés, mal compris et punis par une déité est transférée sur d'autres gens dans notre vie : sur notre conjoint, nos proches, notre patron, des gens qui détiennent une place importante dans notre vie. Ainsi, mon plus grand défi dans la relation est de considérer ces gens importants pour moi, en termes relationnels, de la même façon que je veux à présent considérer Dieu : comme mes meilleurs amis. Je veux être en amitié avec Dieu, ma conjointe et tous mes proches avec une qualité telle que je puisse me dénuder devant eux, mentalement autant que physiquement, et dire : « Voici, il n'y a rien de caché, il n'y a aucun programme secret. C'est *tout* ce qu'il y a. » Voilà mon plus grand défi, et je l'affronte chaque jour.

Neale, je voudrais te demander de parler brièvement du miroir dans la relation – du fait que ce qu'on déteste chez la personne avec laquelle on est, on le déteste en soi, en réalité. Pourrais-tu seulement émettre un bref commentaire là-dessus ?

Tu sais, je ne déteste plus tant de choses chez les autres, car j'ai appris il y a longtemps que ce que je voyais en eux et que je détestais, c'était tout simplement quelque chose que je voyais en moi et que je détestais. Et au cours des récentes années, j'en suis venu à tout aimer en moi. N'est-ce pas étonnant ? Je suppose que c'est un peu difficile à croire quand on me voit, mais j'aime vraiment beaucoup de choses en moi, maintenant. J'aime mon apparence. Mes attitudes. Mes idées. Mon côté farfelu. Ma spontanéité. J'aime la partie de moi qui n'est absolument pas conventionnelle et celle qui n'est pas correcte. Vous savez, j'aime même mon rire. Autrement dit, j'aime tout en moi et je dois reconnaître que c'est la première fois de ma vie que je me sens ainsi. Et parce que je me sens ainsi, il y a très peu de choses chez les autres, à présent, que je n'aime pas. Je suis devenu immensément tolérant. Il est extraordinaire pour moi de regarder les gens qui m'entourent et de les aimer, tout simplement. Je trouve acceptables les comportements, les caractéristiques et les traits de personnalité qu'il y a quelques années seulement j'aurais rejetés d'emblée. Alors, je crois que ce qui se passe, c'est qu'avec l'amour de soi vient un énorme amour pour les autres, parce que je dois me dire : « Mon vieux, tu sais, si tu peux t'aimer, tu peux aimer n'importe qui. »

Quels sont les cinq niveaux d'expression de la vérité ?

Quand je parle de transparence dans les relations, je pense souvent à l'expression de la vérité, qui est l'objet de transparence. Et on m'a fait remarquer qu'il y avait en fait cinq niveaux d'expression de la vérité.

Le premier consiste à vous dire la vérité à vous-même à propos de vous-même. C'était un énorme défi pour moi, car je m'étais menti pendant tellement d'années ! Il est difficile d'imaginer que quelqu'un puisse se mentir littéralement à lui-même, mais c'est facile et je l'ai fait longtemps.

Le deuxième niveau d'expression de la vérité consiste à vous dire la vérité à vous-même à propos d'un autre. Et je me suis menti à propos de ce genre de choses, aussi. Pendant des années, je me suis dit que j'aimais, d'un amour romantique, une personne avec laquelle je vivais. Chaque fois que je pensais ne pas l'aimer, que je me permettais même d'imaginer : « Tu sais, peut-être que tu n'es plus amoureux d'elle », une voix dans ma tête laissait entendre : « Ne sois pas ridicule, bien sûr que tu l'aimes ! » Parce que c'est ce que j'étais *censé* penser. C'est ainsi que c'était *supposé* être pour moi. Alors, je me suis très longtemps menti à moi-même à propos de ça, jusqu'à ce qu'un jour je m'avoue la vérité à propos d'une autre. Je ne l'ai même pas dite à voix haute, seulement à moi-même, ce qui était un immense obstacle.

Le troisième niveau d'expression de la vérité consiste à dire la vérité à propos de moi-même *à* quelqu'un d'autre, comme je suis en train de le faire avec vous.

Le quatrième consiste à dire la vérité à propos d'un autre à cet autre – *ma* vérité, bien sûr, pas *la* vérité. *La* vérité, objectivement, n'existe pas, mais je partage ma vérité la plus intime à propos d'un autre avec cet autre.

Le cinquième niveau de l'expression de la vérité, quand vous l'atteignez, consiste à dire la vérité à chacun à propos de tout. Et si vous pouvez franchir ces cinq étapes, vous avez franchi cinq étapes vers le paradis, car le paradis (pause)... consiste à ne plus avoir à mentir.

J'ai entendu dire que la douleur semble parfois permettre au cœur de s'ouvrir en se brisant, de façon qu'il puisse ressentir plus d'amour. Pourquoi notre cœur a-t-il parfois besoin d'être brisé pour s'ouvrir, afin de sentir ?

Je ne pense pas qu'il en ait besoin. Celui qui a dit cela a peut-être décrit un phénomène existant, mais pas un phénomène qui *doit* survenir. Je crois qu'il est entièrement possible d'éprouver et de sentir plus d'amour sans aucune douleur. Mais nous vivons notre propre mythe culturel. Il y a dans le monde un immense mythe culturel selon lequel l'amour fait mal et la douleur est la voie à suivre. Vous savez, on n'a rien sans peine ! Je dois vous dire que je suis encore en train de découvrir ce que j'ai pourtant déjà découvert ces dernières années, à savoir qu'il est possible d'aimer joyeusement et de sentir tout l'amour que le cœur humain peut contenir et même davantage, sans aucune douleur. Alors à présent, je rejette d'emblée l'idée que la douleur et l'amour vont obligatoirement de pair et qu'il n'y a qu'une façon d'aller d'un point à un autre, soit par la porte marquée « douleur». Ce n'est pas nécessaire. C'est là un mythe culturel dont nous pouvons nous dégager assez arbitrairement : il suffit de choisir de le faire.

Alors, même quand votre amoureuse vous quitte, c'est sans douleur ?

Non, il n'y a pas de douleur quand elle me quitte, parce que j'ai découvert la beauté et la merveille de qui je suis. Je crois qu'à l'époque où celle-ci me quittait, ma validation et mon idée de qui j'étais prenaient la porte avec elle. J'ai maintenant appris, et je suppose que ça paraîtra un peu grossier, d'une certaine façon, mais c'est la vérité : quand elle partira, il y en aura cinquante derrière elle prêtes à entrer. Parce que je suis magnifique.

Quel rôle Nancy joue-t-elle dans votre carrière ?

Je vais vous donner une réponse qui ressemble à une divine dichotomie : elle joue tous les rôles et n'en joue aucun. Autrement dit, il est très clair pour moi que Nancy n'est pas dans ma vie la force qui rend ma carrière possible. Si je croyais cela, je reviendrais à la peur que tout soit perdu si je la perdais. Alors, je ne vois pas Nancy comme cet élément qui rend ma vie possible telle qu'elle est vécue à présent. Et pourtant, d'une certaine manière très mystérieuse et intéressante, sans elle, ce ne serait pas possible. Voilà ce qu'est une divine dichotomie.

Le rôle qu'elle joue dans ma vie, c'est qu'elle est la première personne qui me voit tel que je me vois. Elle me voit tel que je m'imagine. C'est l'amour qui fait cela en me disant : « Je veux bien te voir tel que tu te vois dans la meilleure version de toi-même. » En fait, l'amour parle davantage et ajoute : « Non seulement je veux bien te voir tel que tu te vois dans ta meilleure version de toi-même, mais je veux te voir même comme tu ne te vois pas. Je veux te voir plus grand que tu ne te vois. »

Quelqu'un a déjà dit : « Si nous nous voyions tel que Dieu nous voit, nous aurions un grand sourire. » Je crois que Nancy me voit tel que Dieu me voit. Elle me dit tout le temps de petites choses. Elle vient de me croiser, il y a un moment, et m'a dit : « Mon Dieu que tu es beau. » Vous savez, je ne devrais pas raconter ces choses en public, je suppose, mais au cas où, un instant, je me mettrais à croire que ce n'est pas vrai et reviendrais à l'idée antérieure que je me faisais de moi-même, à savoir que je ne suis pas physiquement attirant, les gens comme Nancy, qui m'aiment vraiment, me confirment mes pensées les plus audacieuses à propos de moi-même.

C'est tout ! Vous y *êtes*. Vous *pouvez* le faire. Vous savez... ces pensées audacieuses que nous avons sur nous-mêmes au beau milieu de la nuit et que nous n'osons partager avec personne, parce qu'on nous traiterait de tous les noms – d'égotistes, d'irresponsables, de tout ce qu'on voudra. Oserais-je penser telle chose à propos de moi ? Quand vous êtes avec une personne qui vous aime profondément, vous n'avez pas à vous le demander ; elle vous le dit : « Mon Dieu, que tu es sexy ; mon Dieu, que tu es fort ; mon Dieu, que je suis contente d'être avec toi. » Nancy me parle ainsi, tout le temps, tous les jours. Il se passe rarement une heure sans que j'entende un message d'affirmation de Nancy. Quel rôle tout cela joue-t-il dans ma vie ? Je n'ai pas de mots pour l'exprimer.

Dans Conversations avec Dieu, *il est dit qu'on peut trouver ce qu'on veut – ce qu'on veut être, ce qu'on veut avoir et ce qu'on veut faire. En termes relationnels, j'ai pris cela au pied de la lettre – en décrivant littéralement le genre de partenaire que j'aimerais avoir. Et j'ai découvert que les partenaires se présentent sous des formes qui n'étaient pas l'emballage auquel je m'attendais. Et c'est un peu déroutant, et je me demande si je ne devrais pas juste m'asseoir, décrire cela et le voir comme ce que l'univers m'envoie. J'aimerais recevoir vos commentaires là-dessus.*

Bien sûr. Merci. C'est une très bonne question.

Concernant les relations ou quoi que ce soit d'autre dans la vie, j'aime être très précis quant à ce que je choisirais. Et après m'être permis de l'être, *je prends ce qui se présente*. Et la raison pour laquelle je fais cela, c'est que je n'empêche jamais Dieu d'accomplir les miracles qu'Elle conçoit. Et je n'essaie jamais de dire à Dieu à quoi une chose devrait précisément ressembler. Je tente tout simplement de voir quelle idée je m'en fais, dans l'instant.

Vous savez, quand j'étais jeune, j'avais une certaine idée de la partenaire parfaite. Et toutes celles qui n'entraient pas dans ce moule, je les rejetais presque automatiquement. Je les croisais littéralement sans les considérer, comme si elles n'existaient pas. Puis, l'un de ces charmants et délicieux accidents de la vie s'est produit. Je suis tombé amoureux d'une femme qui était assez différente de ces images que j'avais créées. J'ai presque fait marche arrière devant cette relation-là, car, comme je l'ai dit, je croisais généralement ce genre de personne sans m'arrêter. Mais d'une manière ou d'une autre, j'en étais là. Et à ce moment, j'ai vu à quel point c'était un être humain extraordinaire et tout ce que j'avais raté dans la vie en insistant pour que non seulement les gens, mais aussi les événements, les endroits, je veux dire *tout*, dans ma vie, soit d'une certaine façon.

J'allais à une fête. Si ça ne semblait pas aller de telle façon, je partais parce que ce n'était pas ce à quoi je m'attendais. Je vivais toute ma vie en fonction de mes attentes, surtout mes relations avec les gens. Et j'en perdais vraiment ainsi une part immense.

Nancy ne correspondait à aucune de mes images précédentes concernant le genre de femme avec laquelle, selon moi, je finirais par être en relation à long terme, pour toute une gamme de raisons. Elle était beaucoup trop sensible et pas aussi spontanée que moi, pour ne donner qu'un exemple. Et elle était bien d'autres choses aussi. Je vois maintenant que ces différences entre nous ne vont pas nécessairement créer des fossés et qu'elles n'invalident pas nécessairement notre relation. En fait, voyez-vous, ce sont plutôt des aspects de son être qui fournissent un équilibre parfait à mon être. Mais je n'aurais jamais reconnu cela à l'époque où j'étais plus immature.

Alors, mon meilleur conseil à quiconque cherche un partenaire, ou cherche vraiment quoi que ce soit dans la vie, c'est d'avoir une certaine idée de ce qu'il cherche, bien sûr. Mais remarquez que, parfois, les bonnes choses vous arrivent sous des emballages assez inattendus. Ne les rejetez pas, ou ne rendez pas inéligibles ces énergies qui se présentent, parce que vous êtes susceptible de découvrir que ce que vous cherchez se trouve sous votre nez et que vous ne l'avez pas vu parce que vos yeux n'étaient pas ouverts.

Certains des éléments les plus merveilleux de ma vie me sont venus dans des emballages fort surprenants et que j'aurais trouvés inacceptables seulement quelques années auparavant. Laissez-moi vous donner un exemple ridicule : je mange maintenant des aliments que j'aurais qualifiés d'immangeables il y a à peine quelques années. Vous savez de quoi je parle ? Je mange certaines choses, maintenant, et ça me convient. Ma mère me disait : « Essaie, goûte. » Je n'avais jamais compris la sagesse de cette parole. C'est vrai non seulement en ce qui a trait à la nourriture, mais en ce qui concerne tout dans la vie. Pour l'amour du ciel, essayez. Je veux dire littéralement, pour l'amour du *ciel*. Parce que vous pourriez trouver là votre propre ciel. Ne soyez pas trop rigides. Et ne vous prenez pas trop au filet de vos attentes. Mais soyez grand ouverts. Et laissez à Dieu un peu de jeu pour qu'il crée la perfection pour vous.

Pour revenir à l'exemple de ma chérie, Nancy – je ne vais rien dire ici en public que Nancy n'ait déjà entendu de ma bouche, en privé et directement, dans nos moments très intimes – , quand elle est apparue dans ma vie, comme je l'ai dit, elle ne correspondait à aucune des images de la personne avec laquelle j'aurais alors aimé passer le reste de ma vie. Et j'ose dire que c'était peut-être réciproque. Je ne sais pas. Je ne le lui ai jamais demandé. Je sais seulement que dans mon cas, elle ne s'est pas présentée sous l'emballage que j'avais en tête quand je pensais à l'autre personne. Eh bien ! La chose la plus merveilleuse que j'aie jamais faite dans ma vie a été de dire : « Tu sais quoi, je vais juste écarter ma première idée pour l'instant et voir quel genre de cadeau Dieu a déposé à ma porte. » Et ma volonté de faire cela m'a permis de voir que Dieu m'avait envoyé le trésor le plus magnifique que ma vie ait jamais connu.

Et maintenant, il semble tellement que ce soit la chose la plus précieuse que, ironiquement, je mesure subtilement chaque autre personne de ma vie par rapport à elle. Ce n'est probablement pas très intelligent de ma part, mais je suis très transparent avec vous simplement pour vous montrer la juxtaposition. C'est tellement drôle. Mais ce qui n'était pas mon image à un moment donné l'est tellement devenu, qu'à présent je mesure chaque personne par rapport à elle – ce qui est tout aussi injuste, bien sûr. Et j'ai à grandir et à cesser de le faire.

Ce que j'ai remarqué dans ma vie – je veux ajouter quelque chose à ce que cet homme vient de dire –, lorsque je croyais savoir le genre de personne que je cherchais et toutes ses qualités, je me rendais compte que c'étaient ces qualités qui, selon moi, me permettraient de me sentir d'une certaine façon, ou donneraient telle forme à la relation. Et j'ai découvert que lorsque quelqu'un arrivait et que le sentiment correspondait à ce que j'essayais de tirer de l'emballage, c'était ça, la valeur réelle. Ce qui avait vraiment de l'importance, ce n'était pas la description des qualités, mais seulement le fait que les sentiments correspondaient.

Oui, c'est une observation très, très profonde et intuitive. Et je veux partager avec tout le monde dans cette salle le fait que même si, dans ma vie, j'ai essayé d'être aussi précis que possible concernant ce que je voulais voir apparaître – que ce soit un emploi, une personne ou une voiture neuve –, au cours des dernières années, avec l'âge, j'ai appris à tout simplement laisser tomber ces exigences précises. À vraiment lâcher prise et à laisser agir Dieu. À remarquer que les miracles venaient presque inévitablement sous des emballages qui paraissaient assez différents de l'idée que je m'en faisais. Alors, j'ai opté pour une sorte de lâcher-prise... C'est ce qui s'appelle vivre sa vie sans attentes.

Il est important, je crois, de comprendre que l'amour est une décision. La plupart des gens pensent que l'amour est une réaction. Écoutez, c'est vraiment la principale différence entre l'époque où je vivais à partir de mes attentes et où je donnais un certain emballage à l'esprit, et celle où j'ai laissé tomber mes attentes et me suis trouvé en relation d'une façon tout à fait différente. La différence, c'est que j'ai appris que l'amour est une décision. C'est vous qui décidez d'aimer quelqu'un ou non, et c'est très, très arbitraire. On pourrait dire : « Oui, bien sûr, mais ces décisions sont fondées sur l'apparence ou sur la personnalité, et ainsi de suite. »

Mais j'ajouterais : pas toujours. Elles relèvent parfois de quelque chose de plus arbitraire, d'un simple choix : je choisis de t'aimer. Et quand je t'aime vraiment, d'un amour pur, non seulement mon choix est-il arbitraire, mais inconditionnel. Mon amour est inconditionnel. Il n'est pas conditionné par la manière dont ta personnalité se manifeste maintenant, ni par la forme de ton corps, l'épaisseur de ton portefeuille ou quoi que ce soit d'autre qui te soit associé. En fait, il ne connaît aucune condition.

Ainsi donc, quand nous choisissons d'aimer quelqu'un, nous sommes souvent à la veille d'une grande surprise. Nous découvrons que le sentiment que nous avions espéré tirer du fait d'être amoureux de l'autre personne est généralement engendré *ici* et vient tout simplement *à* nous, *de* nous, autour de cette personne, un peu comme une planète tourne autour du soleil, puis revient de l'autre côté dans le ciel. C'est cet effet boomerang. Et la grande illusion est enfin rompue. L'illusion étant, bien sûr, que le sentiment, ce sentiment de magie et d'émerveillement, et ce caractère spécial que je cherche dans la relation viennent de l'autre personne. En vérité, il originait toujours d'ici. Et lorsque je l'envoie là, assez délibérément, il n'a d'autre choix que de revenir ici. C'est comme la chanson, *Return to Sender*[3].

À l'époque où je voulais que les gens ou les choses se présentent sous une forme particulière, je devais me poser la question à laquelle vous voulez en venir, bien entendu. Pourquoi avais-je l'idée que *cette* forme était en quelque sorte meilleure qu'une autre ? Qu'il valait mieux être mince que gros, ou gros plutôt que mince, ou noir plutôt que blanc, ou... Et ce que j'en pensais ? Qu'est-ce que cela voulait dire ?

Dès que j'ai voulu me poser cette question, j'ai vu que j'*inventais* tout simplement tout ça. Et soudain j'ai trouvé possible, après avoir lâché prise sur les choses que j'inventais, de trouver des trésors partout : chez des gens avec qui je n'aurais jamais pu imaginer être en relation, dans des choses que je n'aurais jamais cru pouvoir aimer. C'est comme l'adulte qui découvre que les épinards ne sont pas si mauvais, après tout.

---

3. Retour à l'expéditeur. (NDE)

Vous savez, j'ai vraiment compris que le goût pour les brocolis s'acquiert. Maintenant, je les trouve plutôt bons. En réalité, on ne sait jamais quand des brocolis arriveront dans notre vie.

Y a-t-il d'autres questions sur les relations ? Vous avez à peu près tout résolu, n'est-ce pas ? Combien d'entre vous sont prêts à vivre une relation en disant : « Ce que je voudrais qu'il t'arrive, c'est ce que tu voudrais qu'il t'arrive » ? Combien d'entre vous sont prêts à vivre une relation en disant à leur amour : « L'amour ne dit jamais non » ? (Des mains se lèvent.) C'est superbe. Presque tout le monde dans la salle. Certaines mains se lèvent juste un peu plus lentement que d'autres, mais c'est magnifique. S'il vous plaît, comprenez toutefois que ce ne sera pas une garantie que la relation demeurera telle quelle. Ne partez pas d'ici en vous disant : « Je viens de trouver la clé. Je vais vivre de cette façon. Et maintenant, ma relation va rester à jamais comme elle est. » En fait, l'autre personne pourrait dire : « Oh, merci. Ce que tu voudrais qu'il m'arrive, c'est ce que je voudrais qu'il m'arrive ? Je m'en vais. Depuis quatre ans, ce que je veux pour moi, c'est partir. J'attendais seulement ta permission. » C'est là une façon « honorable » de s'en aller, voyez-vous.

Je ne veux pas que quelqu'un pense que ce que je suggère, c'est qu'en vivant ainsi, vous trouverez d'une manière ou d'une autre la garantie. Nous avons tous cherché à trouver cette garantie. « Comment faire pour que ça fonctionne maintenant et à jamais ? » On ne peut pas faire fonctionner ça maintenant et toujours. Ou bien, pour parler plus précisément, ça *va* fonctionner, même pour toujours, mais d'une façon qui *sera peut-être différente de celle à laquelle vous pensiez.*

Une relation dans laquelle je me trouvais a pris fin, et j'ai trouvé ça tragique – mon Dieu, je ne pouvais pas le croire – « cette relation ne fonctionnait pas ! » En vérité, celle-ci a ouvert la porte à quelque chose de beaucoup plus enrichissant et de beaucoup plus gratifiant, dans ma vie, que je n'aurais jamais imaginé pouvoir vivre. Mais ce n'est qu'en permettant à ce qui se passait de se produire, sans le juger ni lui donner tort, ni même l'appeler une tragédie, en le laissant tout simplement arriver, que j'ai pu faire l'expérience de ce qui s'en venait pour moi ensuite. Et j'ai découvert que l'univers fonctionne de façon extraordinaire et que si je cesse tout simplement de le juger pour le laisser faire ce qu'il fait et être ce qu'il est, alors je trouve la paix et la joie qui résident toujours en moi.

D'ailleurs, je veux le répéter, et c'est la clé la plus grande, si clé il y a : je dois cesser de chercher chez un autre la paix et la joie que j'ai cherchées si longtemps et prendre conscience que ce que j'ai cherché est en moi. Ma plus grande joie et ma plus grande paix, je les ressens quand je subviens aux besoins d'un autre ; ainsi, je résous le plus grand mystère et le plus grand secret de tous les temps.

Et je le répète une fois de plus : c'est la plus grande ironie. En effet, au moment où je me vois comme la Source de ce que je recevrais d'un autre et au moment où je choisis d'utiliser ma vie pour procurer cela à un autre, je peux presque garantir que la pièce ne se videra pas. Parce que personne ne quitte la pièce dans laquelle réside la Source, ou très peu du moins. Et s'il y en a qui le font ? Laissez-les partir. Laissez-les suivre leur voie.

Neale, j'aimerais revenir à la question du mariage. J'ai beaucoup réfléchi, dernièrement, à toute l'institution du couple. Et je suis très intéressé par ce que dit le tome 3 de Conversations avec Dieu. *Le mariage, tel que nous l'avons créé, suscite-t-il le genre d'amour que nous voulons ? Il me semble qu'au tournant du XXIᵉ siècle, nous sommes dans un espace différent de ceux où se sont trouvés les êtres humains quand il était question de l'amour et de l'idylle. C'est-à-dire que nous n'avons pas à l'accoler à la survie et à la procréation, comme c'était le cas depuis le début. Alors, je voudrais connaître d'autres formes que la forme traditionnelle du couple dans le mariage : comme la cohabitation avec ou sans enfants, la survie en commun, tout ça. Pourrions-nous commencer à créer de nouvelles formes qui appellent cette liberté, cet engagement et le meilleur de notre amour ?*

Voilà une question merveilleuse. Et la réponse est oui. Bien d'autres formes se distinguent de la relation traditionnelle à deux. Nous voyons maintenant des communautés volontaires, dans lesquelles un grand nombre de personnes vivent ensemble dans l'affection, le partage et l'amour. Nous voyons ce qui s'appelle – je sais que c'est un terme péjoratif dans certains milieux – des mariages de groupes, ou des familles élargies ou étendues, où des gens vivent ensemble dans l'affection, le partage et l'amour.

Nous voyons des couples du même sexe dans lesquels les gens vivent aussi ensemble dans l'affection et le partage. D'ailleurs, si nous n'arrêtons pas de juger ces paradigmes, nous ne réaliserons jamais notre potentiel le plus riche et le plus accompli en tant qu'êtres humains. Ce qui est arrivé à Matthew Shepard[4] sur cette clôture du Wyoming ne peut et ne devrait jamais arriver parmi des êtres humains qui se targuent d'être sociaux et civilisés, peu importent leurs croyances. Il est incompréhensible, pour moi, qu'un tel comportement se produise, et encore moins concevable qu'il soit approuvé, même par une petite portion de la société.

Il y aura toujours des couples. Et si vous me demandiez si le couple continuera d'être la forme première de la relation, je répondrais : oui. Toujours. Il y a là quelque chose d'unique qui ne peut tout simplement pas être recréé autrement. Toujours et à jamais, nous verrons deux personnes se joindre et cocréer une vie, et cela continuera d'être la forme primaire de la relation amoureuse humaine. Mais je pense que nous verrons aussi d'autres formes se créer, qui comprendront des familles étendues. Des mariages de groupes. Des communautés volontaires. Elles représenteront diverses façons, pour les gens, de se rassembler en grands et en petits groupes afin de connaître la seule expérience désirée : celle de l'amour sans limites et non contenu.

Depuis longtemps, déjà, nous faisons des expériences de ce genre sur la planète. Et j'ai confiance que nous allons voir certaines d'entre elles gagner en respectabilité à mesure que les gens abandonneront leur besoin de les rejeter. Je crois bien que cela arrivera, ici, alors que nous entrerons dans le XXIe siècle.

La décision de cesser de nous blâmer mutuellement pour ce que nous allons faire est un immense point tournant dans notre évolu-

---

4. Ce jeune homosexuel américain a été retrouvé ligoté à une clôture après avoir été martyrisé. (NDE)

tion sociale. Et cela va se passer ici au cours des dix ou quinze prochaines années – c'est très clair pour moi. Nous allons cesser de nous blâmer mutuellement quant à notre mode de vie sexuelle. Pour nos choix spirituels et philosophiques. Pour nos choix politiques et sociaux. Pour nos choix économiques. Nous allons cesser de nous blâmer mutuellement et tout simplement poser enfin la question suivante : « Pouvons-nous seulement nous entendre sur le fait de notre mésentente ? »

Nous allons cesser de nous blâmer mutuellement à partir du moment où nous réaliserons que c'est le fait d'agir ainsi qui nous tue, et non les différences de points de vue : que c'est le fait de ne pas les tolérer. L'intolérance a vu ses derniers jours sur cette planète. Et nous allons la voir s'évaporer, je crois, dans une large mesure, au cours du premier quart du XXIe siècle.

Cela se passera avec l'évolution de l'espèce que produisent les formes expérimentales, de ces nouvelles relations que nous sommes en train de former. Et ces relations s'enracineront dans toute la société. Il y en aura dans le domaine de la politique, de l'économie, de la religion, à chaque niveau et, bien entendu, de nouvelles relations amoureuses verront aussi le jour. Et dans ce contexte, ce ne sera rien de voir un homme et deux femmes marcher ensemble dans la rue, ou une femme et deux hommes dans ce qu'on appelle une relation de triade. Tous se tiendront par la main, marcheront côte à côte et s'amuseront comme des fous. Je veux dire : s'apprécieront comme des fous les uns les autres.

Selon Dieu, il n'y a aucune forme dans laquelle l'expression de l'amour pur et vrai est inconvenante. Et la façon de savoir si l'expression de l'amour est pure et vraie, c'est que celle-ci ne se permet jamais de faire du tort à un autre et ne cherche pas non plus à le faire. Je précise cela ici parce qu'il y a toujours quelqu'un des médias ou de l'extrême-droite pour dire : « Tout ce qu'il fait, c'est donner à un tas de gens la permission de faire *n'importe quoi*... il approuve les pédophiles. » Il y a toujours quelqu'un qui va à l'extrême pour me donner tort. Mais ce que je dis, c'est qu'il n'y a aucune forme inconvenante quand il s'agit d'amour pur et vrai. Et l'amour pur et vrai ne se permettrait pas de nuire à l'autre, ou de tirer avantage de lui, ni d'en abuser, d'aucune manière.

Alors, oui, les façons dont nous nous joindrons les uns aux autres dans l'expression de notre idée la plus grandiose de l'amour sont en train de changer. Les gens qui s'imaginent que la vieille approche est la seule appropriée ont beaucoup de difficulté à ce propos. Certains d'entre eux grincent des dents et rejettent d'emblée toutes ces autres formes.

Vous savez, il était une époque où on nous disait sérieusement – ce n'était pas l'idée farfelue, excentrique, d'une personne, mais bien de la plupart des gens dans notre société – qu'il était inconvenant de former un couple avec une personne d'une autre *race*. Il y a eu une époque où on nous disait aussi que le fait de se marier et d'aimer quelqu'un appartenant à une *religion* différente était inconvenant. Il y a encore des gens de certaines races et religions qui désavouent un de leurs proches parce qu'il aime quelqu'un qui n'est pas « des leurs ». Comment pourrions-nous ne pas être l'un des nôtres ? Nous *ne sommes qu'un*. Cela s'appelle la famille humaine.

Notre travail, en tant que créateurs de la nouvelle société, est de mettre en place un paradigme, un système, si vous voulez, une nouvelle construction sociale, spirituelle et politique (parce que cela touche en grande partie la politique) qui nous permette de tout simplement nous aimer mutuellement d'une façon qui semble pure à notre âme, peu importe le sexe, la couleur, la religion ou quelque autre facteur de restriction artificiel. Comment peut-il être néfaste de nous aimer les uns les autres ? Comment peut-il y avoir une mauvaise façon d'exprimer l'amour pur qui ne ferait jamais de tort ou de mal à l'autre ? Pourtant, notre rigidité à ce propos, fondée sur ce que nous, dans notre arrogance, présumons être la volonté de Dieu... Je veux dire, pouvez-vous imaginer une époque – et nous ne parlons pas des siècles passés, mais il y a quelques générations – où nous nous sommes vraiment levés debout et avons sérieusement suggéré que la loi de Dieu nous interdisait les mariages interraciaux ? Que ces mariages violaient la loi de Dieu ? Et nous avons vraiment cru cela ?

En fait, il y a des gens qui le croient encore aujourd'hui. Je connais des parents juifs qui ont désavoué leur fils pour avoir épousé une non-juive – ce qu'ils appellent, dans leur langage, une goy. Et ils l'ont désavoué, lui, parce qu'il s'était marié en dehors de sa foi. Qu'est-ce que c'est que ça ? C'est une pensée qui sous-entend que non seulement je suis séparé de vous – ce qui est déjà une pensée fausse –, mais devinez quoi ? Je suis meilleur que vous. Nous sommes meilleurs qu'eux. Alors comment pourrais-tu épouser *ça* ? C'est ce genre de pensée qui a créé le genre de misères infligées à cette planète pendant toutes ces années.

Cependant, ce sont les nouvelles idées que vous apportez dans les époques dans lesquelles nous entrons tous à présent qui créeront une nouvelle expérience. Le monde, en ce qui a trait à l'amour, a attendu longtemps la venue d'un sauveur. Ce sauveur est déjà arrivé. Il est là et là. Elle est assise ici et là. (Désignant des membres de l'auditoire.)   Allez-vous nous sauver de notre idée la plus basse de nous-mêmes ? Et nous emmènerez-vous vers notre espace le plus grandiose ? Nous ne pouvons aller qu'aussi haut que vous le voulez. Nous ne pouvons devenir qu'aussi extraordinaires que vous êtes prêts à l'être. Nous ne pouvons aimer aussi pleinement que dans la mesure où vous êtes prêts à aimer. C'est vous tous, le sauveur. Il y a ceux qui voient le monde tel qu'il est et demandent « Pourquoi ? » Et ceux qui voient le monde comme il devrait être et disent « Pourquoi pas ? »

Merci de votre attention.

En terminant

Merci d'avoir entrepris ce voyage avec moi. Je sais que certaines des idées discutées ici se situent à la limite. Des concepts tels que « nous ne faisons qu'un », « je choisis pour toi ce que tu choisis pour toi» et « l'amour ne dit jamais non » ne sont pas faciles à embrasser. Il faudra du courage pour les adopter – et plus de courage encore pour les appliquer. Mais je crois qu'il sera essentiel de le faire si nous devons, selon les paroles enthousiasmantes de Robert F. Kennedy, chercher un monde nouveau.

Bien des ressources sont maintenant disponibles pour nous aider à affronter ces défis. Ceux qui souhaitent explorer de nouveaux paradigmes relationnels plus en profondeur pourront trouver d'un intérêt particulier deux livres qui, selon moi, sont à la fois utiles et stimulants : *Le futur de l'amour**, par Daphne Rose Kingma, et *Enchanted Love: The Mystical Power of Intimate Relationships*, de Marianne Williamson.

Ces deux ouvrages parlent avec éloquence des *possibilités* dans le domaine des relations, de la merveille de l'amour à cœur ouvert et de la gloire des étreintes entre âmes autant qu'entre corps. Le dernier livre de Marianne est particulièrement stupéfiant ; son ampleur frise parfois la poésie.

---

* Disponible aux Éditions Ariane. (NDE)

Si vous cherchez quelque chose d'un peu plus expérientiel, la fondation à but non lucratif que Nancy et moi avons formée organise une fois par année une retraite d'un week-end sur les relations, à partir du thème « *Comment aimer les gens et s'en sortir* ». Fondées sur les messages de *Conversations avec Dieu*, elle est conçue spécialement pour ceux qui cherchent de près à mener une relation à terme, à en commencer une nouvelle, ou à en vivre une dans le bonheur. Autrement dit, nous tous.

Pour plus d'information, écrivez à :

CWG Relationships Weekend
ReCreation Foundation
PMB #1150
1257 Siskiyou Blvd.
Ashland, OR 97520

De nombreuses questions sur les relations et, d'ailleurs, toutes les questions couvertes dans *Conversations avec Dieu* sont traitées dans le bulletin de la fondation.

J'espère que nous pourrons tous en apprendre davantage sur nos relations et sur les façons de les améliorer. J'espère que nous nous rappellerons tous comment aimer. Nous le savions, jadis. Nous savions comment vivre sans attentes, sans peur, sans indigence, et sans entretenir de pouvoir sur quelqu'un ni être en quelque sorte meilleur qu'un autre.

Soyez bénis.

Quelques exemples de livres d'éveil
publiés par ARIANE Éditions

Marcher entre les mondes

Messages de notre Famille

L'Ancien secret de la Fleur de vie

Les Enfants indigo

Les Dernières heures du Soleil ancestral

Le Futur de l'amour

Famille de lumière

Lettres à la Terre

Série Conversations avec Dieu

L'Émissaire de la lumière

Le Réveil de l'intuition

Sur les Ailes de la transformation

Voyage au cœur de la création

L'Éveil au point zéro

Les Neuf visages du Christ

Partenaire avec le divin
(Série Kryeon)